HISTOIRE

DE NAPOLÉON IER

PARIS. — IMPRIMERIE J. CLAYE,

RUE SAINT-BENOIT, 7.

HISTOIRE

DE NAPOLÉON IER

PARIS. — IMPRIMERIE J. CLAYE,

RUE SAINT-BENOIT, 7.

HISTOIRE

DE

NAPOLÉON IER

DEPUIS SA NAISSANCE

JUSQU'A SA MORT

A PARIS

DANS LES DÉPARTEMENTS ET A L'ÉTRANGER

CHEZ TOUS LES LIBRAIRES.

1856

INTRODUCTION

Un homme d'une naissance presque obscure a fait retentir l'univers du bruit de ses exploits : des prodiges de force et de grandeur ont signalé son génie. Après dix ans d'une gloire qui avait fait le tour du monde, ce héros est mort exilé, léguant à l'Histoire le soin d'inscrire son nom au rang de ceux des plus grands monarques.

Nous allons essayer de retracer sa vie.

Une société en décadence venait de s'écrouler : de terribles réformes avaient fait naître un état de choses tout nouveau, auquel il ne manquait qu'une suprême impulsion. Napoléon surgit. Il avait vingt-sept ans.

Déjà vainqueur en Italie, c'est du fond de l'Orient qu'il accourt au cri de la France en détresse. Sa main vigoureuse renverse un pouvoir inerte, saisit les rênes de l'État, ramène l'ordre, relève les autels, organise l'administration ; il réglemente l'armée, enflamme le soldat, remporte cent victoires, et, réformateur et guerrier tout ensemble, inaugure un siècle qui pourra s'honorer de son nom.

Il n'est permis à personne d'ignorer aujourd'hui ce que fut en réalité le fondateur de la dynastie napoléonienne. Son histoire appartenait de droit à la *Bibliothèque des Écoles et des Familles.*

Notre cadre, il est vrai, n'admettait que des proportions réduites; mais nous avons su trouver dans cette grande figure historique certains traits trop peu remarqués jusqu'ici, et nous avons étudié Napoléon Ier sous les différents aspects qu'il présente. — La période militaire de l'Empire voulait un récit connexe et spécial, mais rapide comme son action. — L'autre partie du travail, nécessairement moins étendue, devait rappeler les bases organisatrices, les créations civiles, l'ordre administratif dont le génie de Napoléon a doté la France.

Il est évident que son épée n'a pas moins que son sceptre servi la civilisation; car, en luttant contre l'Europe entière, nos soldats portaient, dans les plis du drapeau tricolore, la langue, l'influence et la domination morale de notre pays.

Après avoir considéré le grand homme sous sa tente, au conseil et jusque dans sa vie privée, nous suivrons ses funérailles même, parce que là commença pour lui la postérité, et conséquemment la justice.

Ainsi se complétera notre modeste travail.

HISTOIRE DE NAPOLÉON

PREMIÈRE PARTIE.

SES CONQUÊTES. — SES REVERS

NAISSANCE DE NAPOLÉON. — SON ENTRÉE A L'ÉCOLE DE BRIENNE. — IL EST NOMMÉ LIEUTENANT D'ARTILLERIE.

Napoléon Bonaparte naquit à Ajaccio, le 15 août 1769, l'année même de la réunion de la Corse à la France. Son père avait fait partie, en 1776, d'une députation envoyée à Paris, auprès du roi de France, pour y soutenir les droits de la noblesse de l'île, et cette circonstance prouve qu'il jouissait d'une certaine considération.

Le jeune Bonaparte fut reçu à l'École militaire de Brienne, à la recommandation de M. de Marbois, gouverneur de la Corse, et y développa bientôt cette ardeur pour l'étude et pour la méditation solitaire qui ne l'abandonna jamais. La lecture des grands historiens de l'antiquité le délassait des études militaires et mathématiques.

Le succès de son examen pour l'artillerie le fit nommer lieutenant dans le régiment de La Fère, en 1785, et il n'avait que vingt ans quand la révolution française éclata.

En 1792, le lieutenant d'artillerie obtint le commandement temporaire d'un des bataillons de gardes nationaux levés en Corse pour le maintien de l'ordre public.

Cette île était, en ce moment, agitée par le parti qui avait longtemps combattu le despotisme des Génois, et qui s'était toujours opposé à la réunion de la Corse à la France. Ajaccio était le foyer de cette opposition. Bonaparte fut obligé de diriger son bataillon contre la garde nationale de cette ville, et Pécalvi, chef des mécontents, l'accusa d'avoir provoqué le désordre qu'il avait à regret réprimé. Bonaparte se rendit à Paris, où il se justifia.

Il rejoignit bientôt le 4e régiment d'artillerie, en garnison à Nice, et reprit son grade de lieutenant en premier. Au mois de juillet 1793, il fut nommé capitaine par droit d'ancienneté. C'était le temps de la terreur. La révolution dévorait ses propres enfants, et la liberté voyait ses plus anciens prosélytes payer de leur tête les sacrifices qu'ils avaient faits à la patrie.

REPRISE DE TOULON. — BONAPARTE GÉNÉRAL. — PREMIÈRE CAMPAGNE D'ITALIE.

Toulon venait d'être livré aux Anglais par les royalistes. La Convention résolut de reprendre cette ville à tout prix. Bonaparte fut envoyé au quartier général de Carteaux, qui était devant cette place. Les représentants du peuple Salicetti, Albitte et Barras le nommèrent commandant de l'artillerie du siége, en remplacement du général Dutheil, qui était malade, et tous les travaux de cette opération furent confiés à sa direction. Il justifia pleinement le choix des représentants; la brèche, vainement tentée jusque alors, est ouverte; Toulon est repris. Le même jour, Bonaparte est nommé général de brigade, commandant l'artillerie de l'armée d'Italie. Mais à peine est-il arrivé à Nice qu'on l'arrête par ordre des mêmes commissaires auxquels il devait son avancement.

La révolution du 9 thermidor venait de s'opérer, et le motif de l'arrestation du vainqueur de Toulon fut la liaison qui avait existé entre lui et Robespierre jeune, proscrit par cette révolution.

Quinze jours après, il fut rendu à la liberté et reprit ses fonctions : la prise d'Oneille, du col de Trente, et le combat del Cairo furent les premiers succès de l'armée où il commandait.

Le représentant Pontécoulant voulut arracher le jeune général à sa vie obscure en l'attachant au plan de campagne dont s'occupait le comité de la guerre. Letourneur, qui remplaça Pontécoulant à la direction des affaires militaires, fut moins favorable à Bonaparte. Isolé et négligé par le gouvernement, il se livra plus que jamais à l'étude. C'est à cette époque qu'il connut madame de Beauharnais.

Une révolution nouvelle vint de nouveau tirer Bonaparte de la solitude où il languissait. Le 13 vendémiaire, la plupart des sections de Paris s'étant soulevées contre la Convention, Barras, qui avait été investi du commandement de la force armée, se souvint du siége de Toulon et s'adjoignit le jeune général. La Convention triompha, grâce aux savantes dispositions de Bonaparte, qui obtint en récompense le commandement de l'armée de l'intérieur, devenu vacant par la nomination de Barras au Directoire.

Ses liaisons avec madame de Beauharnais devinrent alors plus intimes, et il la vit souvent chez Barras, qui faisait les honneurs de la République. Cinq mois plus tard, Bona-

parte épousa Joséphine et obtint le commandement de
l'armée d'Italie. Peu de jours après son mariage, 21 mars
1796, il partit pour Nice. Il avait alors vingt-sept ans.

Presque inconnu dans l'armée dont le commandement
lui était confié, il s'attacha à étudier les hommes qui
étaient placés sous ses ordres et à mériter leur estime.
Quelques-uns, tels que Masséna, Augereau, La Harpe,
avaient déjà fait la première campagne avec lui et obtenu
son amitié.

L'armée était remplie d'ardeur et d'enthousiasme, mais
dans un extrême dénûment, et elle avait affaire à un ennemi qui ne manquait de rien. Placée dans une position
fausse et dangereuse, elle était de plus travaillée par l'in-
discipline. Bonaparte apprécia cette situation critique et
parla ainsi à ses soldats :

« Camarades, vous manquez de tout au milieu de ces
« rochers; jetez les yeux sur les riches contrées qui sont
« à vos pieds; elles nous appartiendront par la victoire,
« allons en prendre possession. » Ces paroles électrisèrent
la jeune armée.

Le but de l'invasion française était de séparer les armées
piémontaise et autrichienne. Au moment où Bonaparte
allait surprendre le point de jonction, il fut attaqué par
Argenteau et Beaulieu. Il profita de ce mouvement pour
fondre, à Montenotte, sur Argenteau, avec toutes ses
forces, et le rejeta sur Dégo. En apprenant ce désastre,
Beaulieu abandonna sa position.

Bonaparte défit Argenteau à Dégo, et à Millesimo Provera
fut contraint de mettre bas les armes. Il battit les Piémon-
tais à Mozambo, et les dispersa à Mondovi. Le résultat de
cette victoire fut la séparation des deux armées, l'enlèvement
de la place qu'elles occupaient, la prise de quarante pièces
de canon, et la mise hors de combat de douze mille Autrichiens. Le roi de Sardaigne demanda la paix; les troupes
autrichiennes évacuèrent son territoire, qui fut occupé par
nos armées.

La seconde campagne s'ouvrit dans la haute Italie, où la puissance autrichienne était attaquée sur son propre terrain. Bonaparte, maître d'une armée que la gloire avait disciplinée, trace déjà un plan de campagne qui menace en Italie la maison d'Autriche. Il se porte sur Plaisance, passe le Pô, marche sur Lodi, qu'il enlève malgré le feu meurtrier de la mitraille. Masséna et Berthier se distinguèrent particulièrement dans cette bataille.

La prise de Lodi donna la Lombardie à la République; mais l'invasion en Allemagne par le Tyrol ne pouvait s'effectuer que par la prise de Mantoue. Bonaparte combina cette invasion avec l'action des deux armées françaises du Rhin, et la prise de Crémone compléta, huit jours après, la victoire de Lodi.

Le jour où Bonaparte faisait son entrée solennelle à Milan, le Directoire signait à Paris le traité qui enlevait au Piémont la Savoie, Nice, Tende, et remettait toutes les places fortes au pouvoir de l'armée française. C'est de cette époque que date la suprématie que Bonaparte va prendre dans les opérations de la guerre et dans les affaires politiques de son pays.

Il s'établit à Milan, où il poursuit l'exécution du traité avec le Piémont, prépare ceux de Rome et de Naples, et termine celui du duché de Parme, tandis qu'il pressait l'investissement du château de Milan, et donnait toute sa pensée au siége de Mantoue.

Beaulieu avait eu le temps de jeter dans cette ville une garnison de treize mille hommes, et trente mille Autrichiens de l'armée du Rhin étaient en marche pour la secourir. Wurmser paraît à la tête de trente mille hommes pour la délivrer. Bonaparte, qui n'avait que quarante mille hommes, entreprend une campagne qui devait à jamais illustrer l'armée et son chef. Après des combats de géants, Mantoue, dont la défense coûta quarante-cinq mille hommes à l'Autriche et six cents bouches à feu, l'imprenable Mantoue capitula.

Ainsi, en moins d'une année, Bonaparte, qui comptait à peine vingt-huit ans, détruisit quatre armées autrichiennes, donna à la France une partie du Piémont, fonda deux républiques en Lombardie, et conquit toute l'Italie, depuis le Tyrol jusqu'au Tibre. La France et l'Europe eurent dès lors les yeux fixés sur l'homme qui venait d'accomplir tant de prodiges, et le Directoire lui commanda de poursuivre ses conquêtes et de menacer la capitale de l'Autriche; il prit en même temps des mesures pour faire coïncider les opérations de l'armée du Rhin avec celles de l'arméee d'Italie.

L'Autriche opposa à Bonaparte un prince de sa maison, illustré par de récentes victoires. Mais l'armée d'Italie, à laquelle s'étaient réunies les divisions Bernadotte et Delmas, triompha des efforts de l'archiduc, qui perdit en vingt jours le quart de son armée, et fut obligé de se retirer sur Saint-With et sur la Muhr, abandonnant Klagenfurth et la Drave. Une bataille décisive allait prononcer entre la maison d'Autriche et la France, lorsque deux généraux autrichiens arrivèrent au quartier général français pour négocier. Un armistice fut accordé, et le 18 avril 1797, à Léoben, Bonaparte dicta les préliminaires de la paix.

Le 17 octobre 1797, il conclut avec l'Autriche le traité de Campo-Formio, par lequel cette puissance renonçait, en faveur de la république française, à ses droits sur les Pays-Bas, et reconnaissait l'indépendance de la république cisalpine.

Le 1er décembre, après avoir passé la revue de son armée, il partit pour Paris, où il était attendu par la reconnaissance de ses concitoyens.

Le 10 décembre, il remit aux chefs de la République, au milieu d'une fête brillante et en présence des représentants de presque toutes les puissances de l'Europe, le traité qu'il venait de conclure. Cette cérémonie électrisa tous les cœurs, mais l'enthousiasme qu'elle produisit excita les alarmes du Directoire. Pour éloigner un conquérant dont la puissance balançait la sienne, et pour faire une diversion puissante en Europe, il forma le projet d'attaquer l'Angleterre dans ses possessions des Indes orientales, ou au moins de détruire son commerce par l'occupation de l'Égypte. Cette dernière campagne plaisait au génie aventureux de Bonaparte, il accepta le commandement.

Le plus profond secret fut gardé sur la destination des cinquante mille hommes qui étaient rassemblés sur les côtes de la Méditerranée. Une flotte fut bientôt prête à transporter l'armée, et plusieurs escadres reçurent l'ordre de se réunir à elle.

CAMPAGNE D'ÉGYPTE.

Le 19 mai 1798, Bonaparte partit de Toulon avec une flotte composée de cent quatre-vingt-quatorze voiles, une armée de dix-neuf mille hommes et un grand nombre de savants, littérateurs et artistes, chargés de recueillir tout ce qui pouvait intéresser les sciences et les arts. Le général français eut la plus heureuse traversée jusqu'à Malte, força cette ville, puis débarqua, le 1er juillet 1798, à Alexandrie, dont il s'empara après une vive résistance.

L'amiral Brueys reçut l'ordre de conduire la flotte à Aboukir; l'escadre devait entrer dans le vieux port d'Alexandrie, ou, en cas d'échec, cingler vers Corfou, afin d'échapper aux Anglais.

Les généraux ont pour instructions d'opérer différents mouvements combinés, et, le 22 mai, l'armée est sous les murs de Rahmanié. Elle arrive bientôt sur les bords du Nil, et c'est près de ce fleuve qu'elle est attaquée par les mameluks, que Desaix met en déroute complète.

Le général en chef accorda quelques jours de repos aux soldats, et, après l'arrivée de la flottille, ils se remirent

en marche. L'ennemi ne tarda pas à être culbuté de nouveau, après un engagement avec la flottille conduite par
Duperré. Bonaparte, prévenu par la canonnade, s'élança
sur le village de Chebreis, qu'il emporta, et tailla en pièces
le corps des mameluks, qui se replia sur le Caire.

Le 21 juillet 1798 eut lieu la bataille des Pyramides.
Bonaparte, saisi d'un noble enthousiasme à l'aspect de ces
immenses tombeaux des Pharaons, qui avaient survécu à
l'empire des Égyptiens, s'écria, en les montrant à son
armée : « Soldats, songez que du haut de ces monuments
quarante siècles vous contemplent! » Embabé fut enlevé à
la baïonnette, et ce combat coûta aux Égyptiens trois mille
mameluks, quarante pièces de canon, quatre cents chameaux
et tous les trésors. Cette victoire nous ouvre les portes du
Caire : Bonaparte y fait son entrée solennelle et y établit
son quartier général. Bientôt après, on apprend que, le
1er août, la flotte française avait été détruite par Nelson
dans la rade d'Aboukir. « Eh bien, dit-il, il faut vaincre ou
« périr; rester dans ces contrées ou en sortir grands
« comme les anciens. »

Aussi grand administrateur et bon politique qu'habile
général, il sentit bientôt qu'il ne suffisait pas de détruire
les armées qu'on lui opposait, mais qu'il fallait gagner la
confiance du peuple et organiser sa conquête. Non-seule-
ment il établit la plus sévère discipline dans son armée,
mais les villes soumises à sa puissance furent administrées
avec une régularité et un sentiment de justice qui leur
étaient inconnus : on commença même des travaux d'uti-
lité publique qui ont survécu à la conquête. Bien plus,
entouré de son état-major, il assista solennellement à la
cérémonie qui eut lieu à l'anniversaire de la naissance de
Mahomet, et prouva ainsi aux Égyptiens qu'il savait res-
pecter leurs usages et leur antique croyance.

Une révolte éclata au Caire; beaucoup de Français furent
égorgés; mais on força bientôt les portes de la ville, et on
refoula les rebelles dans une mosquée. Le général leur fit

offrir un pardon généreux. Sur leur refus, les portes furent enfoncées, et on en fit un horrible carnage. Les principaux instigateurs furent fusillés ; un gouvernement militaire remplaça le divan.

Une expédition en Syrie est résolue, et bientôt les corps des généraux Kléber, Lannes, Régnier, Murat, sont mis en mouvement.

Pendant ce temps, les Anglais attaquaient Alexandrie. Bonaparte juge que ce n'est qu'une ruse pour l'empêcher de marcher sur la Syrie ; il part, et arrive à El-Arich le lendemain d'une victoire remportée par Régnier sur les Arabes. Deux jours après, il se rend maître de la ville, et se dirige ensuite sur Gazza et sur Jaffa, qui est défendue par une forte garnison. Cette ville est emportée d'assaut, et la garnison passée au fil de l'épée. Bientôt la peste se manifeste et fait périr des braves que la mort avait respectés sur le champ de bataille.

L'armée se dirige ensuite sur Saint-Jean-d'Acre. Elle s'empare de Kaiffer, de Nazareth et de la ville de Four (ancienne Tyr). Mais une partie de l'Asie s'est soulevée, et les populations accourent des rives de l'Euphrate pour combattre les Français. D'un autre côté, les flottes ennemies couvrent la mer et portent une armée destinée à la défense de la Syrie. Des corps s'organisent à Rhodes et doivent marcher sur l'Égypte contre Desaix. La prise de Saint-Jean-d'Acre est désormais l'ancre de salut des Français ; mais leur artillerie de ligne est en retard, et c'est vainement qu'ils donnent l'assaut à la place. Après cet échec, Bonaparte se porte sur le mont Thabor, où Kléber n'a que vingt mille hommes à opposer à quatre-vingt mille. Le général en chef, par une marche savante, coupe sur tous les points l'armée de Damas, lui tue plus de cinq mille hommes et s'empare de tous les bagages.

Les soldats commençaient à prendre quelque repos, lorsqu'on apprend la descente de Mourad-Bey de la Haute-Égypte avec une forte armée. Bonaparte court l'attaquer.

Il marche sur Aboukir, et en peu de temps il détruit l'armée du pacha de Roumélie.

Le but de la campagne était à peu près atteint. Bonaparte avait appris par ses émissaires la situation déplorable de la France et l'impéritie de son gouvernement; il quitte l'Égypte, remet le commandement à Kléber, et le 9 octobre 1799, il débarque à Fréjus.

RÉVOLUTION DU 18 BRUMAIRE

L'arrivée de Bonaparte à Paris y excita un enthousiasme universel; chacun crut voir en lui l'homme le plus capable de faire triompher le parti qu'il embrasserait. L'habile général, ne voulant rien aventurer, commença par s'assurer l'appui du conseil des Anciens, qui décida que le conseil des Cinq-Cents tiendrait ses séances à Saint-Cloud, et que Bonaparte aurait le commandement de toutes les troupes dont la division militaire de Paris était le chef-lieu.

Le général rassembla au Champ-de-Mars tous les régiments et les passa en revue; il leur parla avec chaleur et indignation de l'impéritie du Directoire, et leur fit entendre que le salut de la République dépendait désormais d'eux seuls : les soldats répondirent par des acclamations réitérées.

Dès le matin du 18 brumaire (9 novembre 1799), les troupes avaient occupé Boulogne, Sèvres et toutes les petites communes des environs. A deux heures, le corps législatif était réuni dans la salle de l'Orangerie de Saint-Cloud: la plus vive agitation régnait parmi les députés. On venait de décider que chacun prêterait individuellement serment de maintenir la Constitution et de s'opposer à l'établissement de toute espèce de tyrannie.

La porte de l'Orangerie s'ouvrit, et l'on vit entrer le

général Bonaparte tête nue et accompagné de quatre grenadiers.

A la vue du général et de ses soldats, les mots : « A bas le tyran ! à bas le dictateur ! hors la loi le nouveau Cromwell ! » sortent de toutes les bouches. Les députés prennent une attitude menaçante ; mais tout à coup on entend crier : « Sauvons le général ! » et Lefebvre paraît, à la tête de quelques soldats qui enlèvent Bonaparte.

Lucien, président de l'Assemblée, cherche vainement à ramener l'ordre. On veut le contraindre à mettre aux voix le décret de mise hors la loi de son frère ; mais il abdique la présidence, et des grenadiers envoyés par Bonaparte pénètrent dans la salle et l'enlèvent de son siége. En sortant, il monte à cheval, se met à la tête des troupes et leur dit de ne reconnaître pour législateurs que ceux qui se rendront près de lui.

Après la dissolution du conseil des Cinq-Cents, un nouveau conseil est formé : soixante et un membres du premier sont exclus, et ce conseil improvisé, de concert avec celui des Anciens, abolit le gouvernement directorial et le remplace par une Commission consulaire exécutive, composée de Sieyès, Roger-Ducos et Bonaparte.

Sous le titre de premier consul, Bonaparte devenait réellement le chef de ses collègues et souverain de l'État. Ainsi s'opéra, sans effusion de sang, la célèbre révolution du 18 brumaire.

CONSULAT

SECONDE CAMPAGNE D'ITALIE. — MARENGO.

Du 9 novembre 1799 au 18 mai 1804.

Bonaparte s'occupa activement de rétablir l'ordre dans toutes les parties de l'administration : la loi des otages et de l'emprunt forcé fut abolie; les prêtres eurent la liberté de rentrer en France et de reprendre les fonctions de leur ministère. Tous les individus déportés sans jugement légal furent rappelés en France; plus de cinquante mille émigrés, rayés des tables de proscription, durent au premier consul le bonheur de revoir leur patrie. La Vendée fut entièrement pacifiée en 1800. On supprima les fêtes révolutionnaires, entre autres celle de l'anniversaire du supplice de Louis XVI.

En l'absence de Bonaparte, l'armée d'Italie était tombée dans le dénûment, et la France avait perdu toutes ses conquêtes.

A la voix du premier consul, une armée de quarante mille hommes se forme comme par enchantement. Une rupture éclate pendant ce temps entre l'Autriche et la Russie. L'armée se dirige sur Dijon, et détourne ainsi l'attention, qui se porte sur le Var, menacé d'une invasion de cent cinquante mille hommes, tandis que la France n'a à lui opposer que vingt-cinq mille hommes sous les ordres de Masséna.

Le détroit de la Suisse, entre le Rhône et le Rhin, renferme tout le mystère de la campagne qui va s'ouvrir. De Paris, le premier consul transmet tous les ordres, et c'est par suite de ces mesures que les différents généraux triomphent de l'ennemi.

Moreau bat ses adversaires dans plusieurs rencontres; l'armée de Dijon marche sur Genève, et le premier consul ne tarde pas à se diriger sur cette ville, d'où il va porter la guerre sur le Pô, entre Milan, Gênes et Turin. Il franchit, à travers mille obstacles, le mont Saint-Bernard, et Mélas était encore sur le Var quand les Français descendaient les revers du Saint-Bernard, du Simplon et du mont Cénis. Ce mouvement était combiné avec ceux de Moreau, qui, pendant ce temps, occupait Kray devant Ulm, et de Masséna, qui reprenait les forts de Gênes sous le canon de la flotte anglaise.

La chaîne des Alpes est franchie, et le jour même, la ville d'Aoste est enlevée par l'avant-garde; les Croates sont rejetés sur la forteresse de Bard, et dix jours après le fort est au pouvoir des Français. Bonaparte s'ouvre en vainqueur les plaines du Piémont; il établit son quartier général à Pavie.

Mélas rassemble tout de suite son armée entre le Pô et le Tanaro; le 12 juin, les corps de Lannes, Desaix et Victor vont border la Scrivia. La Poype va rejoindre Desaix, pendant que le reste de l'armée française bloque et contient les divers corps autrichiens dans la Lombardie.

Bonaparte s'avance dans les plaines de San-Giuliano, repousse sur la Bormida cinq mille hommes établis à Marengo, et, ne pouvant s'emparer de la tête du pont, il prend position entre Marengo et cette rivière.

Le 14 juin 1800, au matin, l'armée autrichienne, forte de cinquante mille hommes, débouche au travers du défilé du pont de la Bormida; l'armée française ne comptait que vingt-cinq mille hommes.

Un combat général s'engage : Desaix tombe frappé d'une balle et meurt en héros. Mais cette mort double le courage de la division. Enfin, la ligne de Mélas est enfoncée; néanmoins il veut tenir à Marengo, et l'armée française le poursuit jusqu'à dix heures : le combat avait commencé dès l'aurore.

La bataille de Marengo décida pour le moment du sort de l'Italie. Le Piémont, la Lombardie, la Ligurie subirent la domination française. Mélas ne conserva que Mantoue. Bonaparte acheva d'organiser la république Cisalpine et le Piémont, et fit de ces riches contrées de puissants auxiliaires pour la France.

Après avoir conclu les préliminaires de la paix, Bonaparte partit pour Paris, laissant le commandement de l'armée à Masséna, et celui de Gênes à Suchet. Murat reçut l'ordre d'aller rétablir le pape, que les circonstances avaient forcé de descendre du trône pontifical. Pendant ce temps,

Moreau battait les Autrichiens et forçait Kray à suivre l'exemple de Mélas.

Bonaparte fut reçu à Paris avec enthousiasme. La nation voyait en lui un génie conservateur qui lui donnait à la fois la gloire, le calme et la liberté. Cette époque fut la plus belle de sa vie.

Mais le bonheur de la France importait peu à certains hommes.

Une machine infernale éclate dans la rue Saint-Nicaise (24 décembre 1800) ; mais Bonaparte échappe à cette terrible explosion, qui coûte la vie à un grand nombre de personnes, et fait persécuter des républicains innocents.

Cependant les conventions signées par Berthier et Moreau avec les généraux autrichiens venaient d'être annulées. Kray et Mélas avaient été destitués, et l'archiduc Ferdinand s'avançait à la tête de l'armée d'Allemagne, forte de cent cinquante mille hommes. Moreau lui fut opposé.

L'armée d'Italie, dont l'Autriche menaçait également la France, était forte de quatre-vingt mille hommes, commandés par Bellegarde. Brune fut envoyé contre elle. Macdonald reçut le commandement de l'armée de réserve.

Pendant que ce général franchissait l'impraticable Splugen, Moreau remportait une grande victoire sur l'archiduc Ferdinand, qui fut obligé de se replier sur Vienne à marches forcées.

L'Autriche confia la défense de sa capitale à l'archiduc Charles, disgracié depuis le traité de Campo-Formio ; mais Moreau le mit hors d'état de s'opposer à son entrée dans Vienne. Un armistice fut alors accordé à l'Autriche moyennant la cession du Tyrol, qui mit l'armée de Moreau en communication avec celle de Macdonald. Dans le même temps, Brune poursuivait Bellegarde et ne consentait à traiter avec lui qu'après la cession de Mantoue.

L'année 1801 fut remarquable par la promulgation d'un concordat entre le pape et le premier consul, et surtout

par le traité de Lunéville, qui assura à la France la possession de tous les États de la rive gauche du Rhin, et donna
l'Adige pour limites à l'Autriche. Cette puissance reconnut
par le même traité l'indépendance des républiques Cisalpine, Batave et Helvétique. Le premier consul donna la
Toscane à l'Espagne en échange du duché de Parme; il
obtint la fermeture des ports de ce royaume aux Anglais
et la cession de l'île d'Elbe.

Les États du Saint-Père furent affranchis par Murat. La
coalition européenne se composait alors de la Porte, de
l'Angleterre et du Portugal. ·

Occupé constamment du soin d'affaiblir la prépondérance
de la Grande-Bretagne, Bonaparte offrit la paix au Portugal,
à la condition qu'il fermerait ses ports à l'Angleterre. Le
Portugal répondit en faisant marcher quinze mille hommes
sur l'Espagne; mais il ne put résister au prince de la Paix,
et le prince régent fut obligé de signer le traité qu'il venait
de rejeter.

L'Angleterre était donc le seul ennemi qui restât à combattre, et elle était devenue d'autant moins redoutable que
Paul Ier, empereur de Russie, était convenu d'unir ses
flottes à celles de la France pour affranchir les mers de la
domination anglaise. La Suède, l'Espagne et le Portugal,
entraient aussi dans cette coalition.

On dit même que l'empereur de Russie et le premier
consul avaient l'intention d'attaquer l'Angleterre dans sa
partie la plus vulnérable, c'est-à-dire d'envahir les Indes,
tandis que l'expédition agirait contre les Anglais. La mort
violente de Paul Ier sauva peut-être l'Angleterre.

Cependant le premier consul n'en poursuit pas moins
ses projets. Mais tandis qu'il s'occupe des préparatifs de
l'expédition, il apprend qu'une flotte anglaise se rassemble
aux îles Baléares pour coopérer à la délivrance de l'Égypte.
Il envoie aussitôt une armée sous les ordres du contre-
amiral Gantheaume, afin d'assurer le salut de celle de
l'Égypte; malheureusement, cette expédition n'eut pas de

succès. Les débris de cette armée reparurent en France six semaines après : de quarante mille hommes, vingt mille seulement revirent leur patrie. L'armée d'Égypte, abandonnée à elle-même, fut forcée de capituler. Sur ces entrefaites, Nelson fit une tentative sur Boulogne, dans le dessein de brûler la flotte qui menaçait son pays.

Le premier consul qui, à défaut de l'appui de la Russie, s'était allié avec l'Espagne, le Portugal, la Bavière et le pape, fit de nouvelles ouvertures de paix à l'Angleterre. Cette puissance, se voyant abandonnée de l'Europe, consentit à déposer les armes, et la paix fut conclue à Amiens, le 25 mars 1802.

La joie fut universelle dans toute la France. Après les émotions de la terreur, de la guerre civile et des champs de bataille, le peuple était affamé de repos et de sécurité.

Le premier consul ne resta pas inactif pendant ces jours d'allégresse ; il poursuivit son plan de régénération intérieure et sociale [1]. L'instruction publique refleurit ; l'École Polytechnique fut réorganisée ; l'Institut ressuscita les anciennes académies ; la Légion-d'Honneur fut instituée ; de grands travaux pour les routes, les canaux, les places fortes, les ports, furent entrepris ; enfin Bonaparte fit commencer la rédaction du *Code civil*, approprié aux mœurs et aux besoins de la France nouvelle, et pris depuis pour modèle par la plupart des nations de l'Europe. En s'occupant de rendre au pays le calme et la prospérité, Bonaparte consolidait en même temps son pouvoir : ce fut ainsi qu'il élimina des deux assemblées les membres qui lui étaient hostiles. Nommé consul pour dix ans le 6 mai 1802, il devint consul à vie le 2 août suivant ; mais bientôt ce titre dut lui paraître insuffisant.

Une vaste conspiration, dans laquelle étaient impliqués Moreau, Pichegru, Georges Cadoudal, etc., attira l'attention publique.

---

1. Voir la *Seconde partie*.

Moreau reçut un ordre de bannissement, Pichegru n'attendit point qu'on ordonnât son supplice, et Cadoudal fut seul exécuté.

En 1804, le duc d'Enghien, arrêté dans le duché de Bade comme prenant part aux conspirations ourdies contre le premier consul, fut livré à une commission militaire, qui le fit fusiller durant la nuit dans les fossés de Vincennes.

Ce fut dans ces circonstances que le sénat fit parvenir au premier consul une adresse, par laquelle il lui représentait la nécessité de cimenter l'édifice social, d'assurer l'avenir en désarmant les ambitieux et en donnant à la France des institutions.

Le premier consul céda sans peine au vœu du sénat, et fut proclamé empereur des Français le 18 mai 1804, sous le nom de Napoléon Bonaparte.

NAPOLÉON EMPEREUR

De 1804 à 1815.

La France et l'Europe applaudirent à l'empire ; l'Autriche, l'Espagne et Rome reconnurent le nouveau souverain.

Le 1er décembre 1804, le sénat présente à Napoléon le vœu du peuple pour l'hérédité de l'empire dans sa famille. Sur 3,575,000 votants, 2,579 votes seulement furent négatifs.

Le lendemain eut lieu à Paris, dans l'église Notre-Dame, la cérémonie du sacre. Aussitôt que Pie VII a béni la couronne, Napoléon la saisit, la place sur sa tête et couronne aussi l'impératrice.

Napoléon cherchait à assurer le maintien de la paix. Il écrivit au roi de la Grande-Bretagne, afin de l'engager à ne point rompre la bonne intelligence qui existait entre toutes les puissances de l'Europe, en lui disant qu'il serait responsable du sang qui allait être versé.

Mais le cabinet de Saint-James n'eut aucun égard à cette considération, et préluda à la guerre en faisant détruire par ses flottes quelques vaisseaux marchands dans les ports de l'Espagne.

Suivant le traité fait avec cette dernière puissance, Napoléon lui demanda cinq mille hommes d'embarquement et trente vaisseaux de ligne. Ces forces, réunies à celles de l'empire, présentèrent une masse de cent quatre-vingt-treize mille hommes, soixante-neuf vaisseaux de ligne, et plus de deux mille bâtiments de transport, armés et prêts à faire voile pour la Tamise.

Mais au milieu des immenses préparatifs que Napoléon multipliait pour triompher de l'Angleterre et la forcer à la paix, l'Italie vient lui offrir la couronne de fer. Napoléon l'accepte, se rend à Milan avec l'impératrice, et y fait son entrée au milieu de l'enthousiasme général.

Le couronnement a lieu, et le 8 juin Eugène Beauharnais est proclamé vice-roi d'Italie. Le 9, Gênes demande son union à la France. Napoléon y consent, et la fait diviser en trois départements. Après avoir reçu les félicitations du Saint-Siége, de Naples et du Portugal, l'empereur quitte Milan pour visiter le théâtre de ses exploits, et se hâte de revenir à Paris.

Pendant ce temps, l'Angleterre et la Russie s'unissaient par un traité. Cette dernière puissance s'engageait à fournir une armée pour reprendre le Hanovre, affranchir la Hollande et la Suisse, faire évacuer Naples, rétablir le roi de Sardaigne sur son trône, et donner à l'Autriche une frontière en Italie. Cette dernière puissance entra dans la coalition, et le 9 août 1805, quatre-vingt mille hommes commandés par l'archiduc Ferdinand et le général Mack sont mis en mouvement contre la France, pendant que le prince Charles prend position dans le Tyrol avec trente mille soldats.

Napoléon apprend ces mouvements au camp de Boulogne, et il donne sur-le-champ le nom d'*armée d'Allemagne* à l'*armée d'Angleterre*. Le même jour il chargeait le général Duroc d'aller s'assurer à Berlin de la neutralité du roi de Prusse. Cette mission eut un plein succès. Une armée de cent mille hommes, commandée par le roi lui-même, devait garantir la neutralité armée de la Prusse.

Alors Napoléon envoie quatre-vingt-dix mille hommes vers l'Autriche, et un mois après sept corps d'armée paraissent sur la rive droite du Rhin. Ces corps sont commandés par les meilleurs généraux de la France, et un huitième corps est composé de la garde impériale. Une grande réserve de cavalerie, commandée par Murat, marche également sur le même point.

Napoléon entre en Allemagne à la tête de cent soixante mille hommes ; Masséna, à la tête de soixante mille braves, soutenus par vingt mille hommes de l'occupation de Naples, marche contre l'archiduc Charles.

Le 2 octobre, Oudinot, Murat et Lannes détruisent, à Wertingen, une division autrichienne. Le lendemain, l'archiduc Ferdinand est défait, et Soult s'empare d'Augsbourg. Bernadotte est maître de Munich. Le 12 et le 14, pendant que Ney foudroie l'ennemi à Elchingen, Soult fait capituler Menningen. Le 16, Murat fait trois mille prisonniers devant Langenau, et le général Mack capitule dans Ulm le 20. Lannes entre dans Braunau le 25, et Bernadotte à Salzbourg le 30. Davoust est dans la haute Autriche, Masséna a battu un corps autrichien, et le force à capituler. L'archiduc Charles fuit devant lui. Ney est à Inspruck et à Hall : il a mis aussi en fuite l'archiduc Jean, qui commandait le Tyrol. Le 10, Davoust détruit le corps de Merfeld à Manzienzell, pendant que Marmont s'empare de Léoben. Le 11, après un combat contre l'arrière-garde russe, Mortier rejoint l'armée du Rhin. Enfin, le 13, les Français entrent en vainqueurs dans Vienne. Le 19, Napoléon a son quartier général à Wischaw ; mais cette position est dangereuse, il se porte vers la Moravie, et s'arrête près d'un village qu'une grande bataille va illustrer.

Le 2 décembre, à *Austerlitz*, village de la Moravie, se donne la bataille des trois empereurs. Les Russes et les Autrichiens ont cent mille hommes sur le terrain, les Français quatre-vingt-dix mille. La force de l'artillerie est égale des deux côtés; la supériorité numérique de la cavalerie est pour l'armée austro-russe. Celle-ci, malgré l'avantage du nombre, est frappée de terreur; elle voudrait attendre une troisième armée russe, mais elle a affaire à un ennemi qui sait son secret, et qui la force à un engagement général. Le jour commence avec la bataille, et la nuit la termine.

L'armée russe est foudroyée sur un lac de glace : elle n'oubliera pas la guerre des frimas ! Soult décide du sort de cette grande journée, où combat l'élite de nos généraux, Lannes, Bernadotte, Davoust, Murat, Junot, Oudinot, Rapp.

Le résultat de cette incroyable victoire fut immense. Napoléon était à l'apogée de sa gloire. Le lendemain, l'empereur d'Autriche vint demander la paix au vainqueur. Napoléon accorda un sauf-conduit à l'empereur de Russie pour son armée, qui avait perdu trente mille hommes, quarante-cinq drapeaux et tout son matériel.

Le 15 décembre, Napoléon cède le Hanovre à la Prusse, et se fait donner en échange le pays d'Anspach, Clèves, le duché de Berg, dont il dote Murat, et la principauté de Neufchâtel, qu'il donne à Berthier.

Le 26, un traité signé à Presbourg reconnaît Napoléon pour roi d'Italie, et unit à ce royaume la Dalmatie, Venise et l'Albanie; le 27, l'empereur proclame son frère Joseph roi de Naples, marie le prince Eugène avec la fille du nouveau roi de Bavière, et le déclare son successeur au trône, s'il meurt sans postérité.

Le 28 janvier 1806, l'empereur rentrait à Paris. En moins

d'une année il avait dispersé les forces réunies de trois puissances, créé deux royaumes, placé un de ses frères sur le trône de Naples, et distribué à ses généraux une partie de l'empire germanique.

Cependant une quatrième coalition se forme. La Prusse renonce à la neutralité : elle ouvre même ses ports aux Anglais.

La Russie, plus prudente, refuse d'abord de reconnaître le traité signé par son envoyé le 25 août. Le cabinet autrichien, effrayé du danger, traite secrètement avec l'Angleterre, la Suède et la Russie.

L'ambassadeur de France est insulté à Berlin : la perte de la Prusse est jurée à l'instant. Les intentions hostiles de la Russie ne sont plus douteuses. L'empereur reprend les armes : le 3 octobre il arrive à Wurzbourg, le 5 à Bamberg.

Après quelques combats partiels, Napoléon apprend que le prince de la Paix vient d'appeler les Espagnols aux armes par une proclamation qu'il désavoue ensuite. Vingt mille Espagnols sont sur pied ; mais ils vont défendre la France sur la Baltique. Napoléon veut prévenir l'effusion du sang ; à cet effet il écrit au roi de Prusse. L'aveuglement de ce prince lui fait repousser les démarches de l'empereur, et le lendemain 14, la monarchie prussienne est détruite à *Iéna*, avec son armée.

La bataille était double : à Iéna, elle est gagnée par Lannes, Lefebvre, Soult, Ney et Augereau ; à six lieues d'Iéna, à Auerstaed, avec trente mille hommes, Davoust se bat contre le roi en personne et contre quatre-vingt mille hommes, l'élite de l'armée prussienne. Davoust aura le nom d'*Auerstaed*, mais *Iéna* donnera le sien à la victoire. Les Prussiens perdent quarante mille hommes tués ou pris, deux cent soixante bouches à feu, tous leurs magasins. Les vieux compagnons d'armes du grand Frédéric, le duc de Brunswick, le maréchal Mollendorf, sont tous blessés dangereusement et ne survivront pas à l'anéantis-

sement de la gloire militaire de leur patrie. Le prince
Henri de Prusse est aussi blessé.

Deux jours après, Erfurth se rendait par capitulation :
quatorze mille Prussiens sont prisonniers de guerre : de ce
nombre sont le maréchal Mollendorf, mortellement blessé
à Iéna, le prince d'Orange, depuis roi des Pays-Bas, et
quatre généraux. Cent pièces d'artillerie et d'immenses
magasins complètent, indépendamment de l'avantage de la
position militaire, celui de la capitulation.

Le 18, le général Blücher, fuyant avec une troupe échap-
pée aux périls d'Auerstaed, est arrêté à Weissenfeld, par
le général Klein. Blücher n'échappe aux Français qu'en faisant valoir un armistice qui n'existait point.

Le général Buller désarme six mille Prussiens, et Kus-
trin se rend à Davoust avec quatre mille hommes et quatre-vingts pièces de canon. Le maréchal Mortier s'empare
de l'électorat de Cassel. Blücher est atteint par Murat, Bernadotte et Soult, qui lui font payer cher son parjure, car
ils le font prisonnier avec la garnison du Ralthau. Ces
divers combats coûtèrent à la Prusse vingt mille hommes.

Le 8, Magdebourg capitule, et les Prussiens perdent
dix-huit mille hommes, vingt généraux et cinq cents pièces de canon. Ney eut la gloire de cette affaire. Ainsi, en
moins d'un mois, toute la Prusse est occupée. Le maréchal Mortier prend possession du Hanovre, de Brême et
des duchés de Mecklembourg : jamais conquête ne fut plus
complète.

L'année 1805 s'appellera encore longtemps dans nos fas-
tes l'année d'*Austerlitz;* l'année 1806, celle d'*Iéna ;* l'année
1807 va recevoir le nom de *Friedland ;* et 1809 aura celui
de *Wagram.*

Deux décrets sont sortis de Berlin. L'un organise les
gardes nationales de la France, et prévient en quelque
sorte la possibilité d'une révolution. L'autre décret, du
21 novembre, est celui du fameux *système continental,*
qui déclare les îles Britanniques en état de blocus, et

applique la saisie à toutes les marchandises anglaises trou-
vées sur le territoire de la France ou sur celui des pays
qu'elle a conquis et de ceux qui sont sous la domination
de ses alliés. Ce décret va remuer le monde, et le faire
conspirer contre Napoléon.

Cependant la Prusse s'était révoltée; mais, avant de la
faire rentrer dans l'ordre, Napoléon veut punir la Russie
du refus de l'armistice d'Austerlitz. Le 2 décembre, par
suite de négociations entre l'empereur et le divan, la Porte
déclare la guerre à la Russie. L'armée russe de Pologne,
forte de cent soixante mille hommes, est culbutée à Czer-
nowitz. Après le combat de Pultusk, les Russes se retirent
au nombre de soixante-dix mille, et vont chercher l'ennemi
à *Eylau*. L'action s'engage le 6 février 1807, et trente mille
hommes restent sur le champ de bataille; la victoire demeure
incertaine, car les deux armées entonnent le *Te Deum*.

La bataille de *Friedland* a lieu le 14 juin. Dans cette
journée mémorable l'empereur Alexandre perd quarante
mille hommes, soixante-dix drapeaux; Kœnigsberg et toute
la Silésie tombent au pouvoir du vainqueur.

C'est après cette bataille qu'eut lieu, sur le Niémen,
l'entrevue des deux empereurs et du roi de Prusse. L'es-
poir de ce dernier était tout entier dans la générosité du
vainqueur. Napoléon signe le traité de Tilsitt, et permet
au roi de Prusse de régner après avoir réduit ses États de
moitié.

Par le traité de Tilsitt, Alexandre reconnaît Louis roi
de Hollande, Joseph roi de Naples et Jérôme roi de West-
phalie. Il reconnaît également les rois de Saxe et de Wurtemberg, et Napoléon pour protecteur de la Confédération
du Rhin. Après mille protestations d'amitié, les souverains
quittent Tilsitt le 9 juillet.

Napoléon conservait du ressentiment contre le prince
de la Paix, dont il n'avait pas oublié la proclamation. Il
commence cette malheureuse guerre d'Espagne qui a été
si funeste à la France.

Sous prétexte d'agir contre le Portugal, allié de l'Angleterre, il fait partir pour Lisbonne une armée commandée par Junot, et souffle la désunion entre le roi d'Espagne et son fils. L'armée française arrive le 20 novembre à vingt lieues de Lisbonne. Saisi d'effroi, le prince Jean abandonne Lisbonne, et s'embarque avec sa famille pour le Brésil. Le 30, Junot entre à Lisbonne et impose une contribution de cent millions. L'empereur va attendre à Milan le résultat de cette invasion. Le système contre l'Angleterre se poursuit avec vigueur, et le 21 janvier 1808, tout le Rhin est déclaré soumis aux Français. Napoléon arrive à Bayonne le 15 avril, et c'est là que le sort de la famille royale d'Espagne doit être fixé.

Le 30 avril, Ferdinand rend la couronne à son père, qui signe aussitôt un acte d'abdication.

A la suite de toutes ces manœuvres, Joseph abandonne le trône de Naples à Murat pour monter sur celui d'Espagne, et l'infortunée famille d'Espagne, victime de ces intrigues, est emmenée prisonnière à Valençay et à Compiègne.

La nation espagnole ne se soumit pas, comme Napoléon l'espérait, à ce changement de dynastie. Une junte provinciale s'établit à Séville, et déclara ne reconnaître d'autre roi que Ferdinand. Le Portugal suivit le même mouvement.

Vingt mille Espagnols au service de la France se joignent à cinq mille Anglais commandés par Wellington, et débarquent le 31 juillet en Portugal. Le 21 août, Junot résiste au choc de vingt-six mille hommes n'ayant avec lui que dix mille soldats. Un armistice est le résultat de cette affaire. De retour à Paris depuis le 14 août, Napoléon se voit obligé de lever cent soixante mille nouveaux conscrits. Il signe aussi la convention du 18 septembre, si onéreuse à la Prusse, par laquelle il laisse une armée d'occupation dans ce pays. Le 27 septembre, il réunit à Erfurth l'empereur Alexandre et tous les petits souverains allemands de sa création : les deux empereurs écrivent au roi d'Angleterre pour l'engager à conclure la paix ; mais le cabinet britannique répond que l'Angleterre ne peut prendre part à cette négociation si l'Espagne, le Portugal et la Suède n'y sont pas admis. Cette démarche n'a donc aucun résultat.

L'empereur revient à Paris, et part immédiatement pour l'Espagne, où il est bientôt suivi de quatre-vingt mille hommes qui occupaient la Prusse, et qu'une concession importante faite à Erfurth vient de remettre à sa disposition. Plusieurs victoires importantes signalent son arrivée en Espagne, et il rentre dans Madrid le 5 décembre.

Le mépris avec lequel l'Autriche avait été traitée dans les conférences d'Erfurth et l'usurpation de la couronne d'Espagne devaient amener une cinquième coalition. Dès la fin de 1808, le cabinet de Vienne s'apprêtait secrètement à rompre le traité de Tilsitt. Appuyée par l'Angleterre, l'Autriche reprit les armes au commencement d'avril 1809, et elle mit cinq cent mille hommes sur pied. Napoléon n'en avait pas deux cent mille à lui opposer en Italie et en Allemagne.

L'archiduc Charles est à la tête de l'armée autrichienne : sous ses ordres commandent les archiducs Louis, Ferdinand, Joseph et Jean, et plusieurs généraux distingués.

L'armée passe l'Inn le 7 avril, et elle envahit la Bavière sans déclaration de guerre. De retour à Paris, le 4 février, Napoléon part de cette capitale le 13 avril. Les hostilités commencent le 15 près de Ratisbonne : c'est le maréchal Davoust qui ouvre la campagne à la tête des Bavarois et des Wurtembergeois. L'ennemi est battu les 20 et 21, et le 22 a lieu la fameuse bataille d'*Eckmuhl*, qui immortalisa Davoust ; le 23, Napoléon remporte une victoire signalée sur l'archiduc Charles, et Ratisbonne tombe au pouvoir de l'armée française ; le 25 elle passe l'Inn, et le 28 elle rejette l'armée dans les défilés de la Bohême. Le 4 mai, elle enlève Elsberg, et le 10, au moment où Soult évacue le Portugal, Napoléon arrive de nouveau sous les murs de Vienne.

3

L'armée d'Italie faisait au même instant des prodiges de valeur sous les ordres du prince Eugène : elle avait battu l'archiduc Jean et passé la Piave le 8 mai. Quarante mille Russes venaient de chasser les Autrichiens de Varsovie ; enfin l'empire germanique était attaqué de toutes parts.

L'Autriche se voyait encore une fois réduite à demander la paix ; mais il fallait qu'elle subît auparavant l'humiliation de voir sa capitale au pouvoir des Français. Napoléon fait son entrée à Vienne le 17 mai, et c'est de cette ville qu'il date le décret qui enlevait au pape les États romains pour les réunir à la France.

Le 22, la bataille d'*Essling* immortalisa le nom de Masséna. Le brave maréchal Lannes y perdit la vie, et fut pleuré de l'empereur et de la France entière.

Le 27 mai se livrait la fameuse bataille de *Wagram*, qui rendait encore une fois Napoléon maître de l'empire germanique. Pour la troisième fois le cabinet de Vienne implora la paix ; l'empereur signa un armistice à Znaïm, le 12 juillet.

A la même époque, Murat enlevait de Rome le souverain pontife, et le faisait conduire à Savone.

De retour à Paris, où tous les souverains de l'Europe ou leurs ambassadeurs se trouvaient réunis, à l'exception cependant de celui de l'Angleterre, l'empereur fit proclamer son divorce avec Joséphine, par ce motif que l'empire ne devait pas être privé d'héritier.

Il choisit pour nouvelle épouse une grande-duchesse de l'Autriche, Marie-Louise. Cette nouvelle union eut lieu le 1er août 1810 ; elle semblait rendre indissoluble l'alliance de l'Autriche avec la France, et faciliter les desseins de Napoléon sur l'Angleterre. Mais de nouveaux événements vinrent bientôt renverser les espérances de tranquillité que la France avait conçues, et replonger l'Europe dans une guerre qui ne devait se terminer que par la chute de Napoléon.

Le Brabant hollandais, la Zélande et une partie de la Gueldre venaient d'être réunis à la France.

Dix-huit mille hommes y avaient été envoyés pour soutenir le système contre l'Angleterre. La Hollande ne pouvait se passer de commerce avec cette puissance. Louis fit des représentations à son frère, et finit par lui dire qu'il aimait mieux renoncer à la couronne que de contribuer à la ruine de son peuple. Il abdiqua le 1ᵉʳ juillet 1810, en faveur de son fils ; mais un décret ordonna aussitôt que la Hollande fît partie intégrante de l'empire.

Bernadotte, pendant ce temps, était proclamé héritier de la couronne de Suède, après avoir été adopté par Charles XIII.

Le 13 décembre, un sénatus-consulte ordonne la levée de soixante mille hommes pour compléter les armées de terre et de mer. Malgré les succès de nos braves, l'Espagne n'est point soumise, et la conquête de la Péninsule devient tous les jours plus incertaine. Soult, qui vient d'opérer sa jonction avec Marmont, se voit en possession de Sagonte et fait capituler Valence.

Le 21 février, la grande et forte ville de Saragosse fut prise, malgré tout ce que le fanatisme de l'indépendance peut produire de plus énergique. Cette cité avait supporté vingt-huit jours de tranchée ouverte, après huit mois d'attaque ; tout combat, tout périt, et les vainqueurs prennent en gémissant possession de cette vaste enceinte de ruines fumantes et ensanglantées.

La naissance d'un prince impérial fit un moment diversion aux événements qui se passaient en Europe. Des fêtes publiques célébrèrent cet événement, et le nouveau-né reçut le titre de roi de Rome.

CAMPAGNE DE RUSSIE. — Après avoir terminé les affaires de l'Église, Napoléon s'occupe des préparatifs d'une nouvelle guerre, et le 21 janvier le général Friant reçoit l'ordre d'occuper Stralsund et la Poméranie ; la Prusse s'engage à protéger les opérations de la France contre la Russie, en fournissant une armée de cinquante mille hommes. Désormais Napoléon et Alexandre vont se disputer l'Europe. Le premier a pour alliés toute l'Allemagne, l'Italie, la Pologne et la Hollande ; le second compte au nombre des siens la Porte, les Anglais et l'insurrection d'Espagne.

Napoléon quitte Paris le 9 mai, il arrive à Dresde le 26. L'empereur d'Autriche approuve la guerre que son gendre va entreprendre contre la Russie, et le roi de Prusse et les souverains de la Confédération consentent aussi aux projets de l'homme tout-puissant dont les volontés étaient irrésistibles.

Un traité de paix est signé entre la Russie et la Porte Ottomane à l'insu de Napoléon. Une armée considérable est déjà réunie dans la Prusse orientale. L'empereur des Français arrive à Thorn le 2 juin ; le 28 il entre dans Wilna, et la Lithuanie se réunit à la Pologne.

L'Angleterre signe, le 18 juillet, un traité avec la Suède, et le 1ᵉʳ août un traité de paix et d'union avec le cabinet russe ; la régence de Cadix en avait également signé un avec ce cabinet.

Les différents corps de l'armée d'Allemagne se mettent en mouvement le 23 juillet, et obtiennent successivement plusieurs avantages sur l'ennemi ; ils s'emparent de Dunabourg, de Smolensk, et le 16 septembre a lieu la célèbre bataille de la *Moskowa*. Trente mille Russes et quarante de leurs généraux succombèrent ; mais vingt mille Français, qu'aucune gloire ne pouvait remplacer, ainsi que huit généraux, au nombre desquels se trouvaient Caulaincourt et Montbrun, eurent le même sort. Sept jours après, l'armée arriva en présence de Moscou. On sut vers deux heures que les députations des autorités, qui étaient désirées et attendues, ne viendraient pas ; on apprit en même temps que les palais de cette vaste cité étaient déserts, et qu'elle n'avait plus pour habitants que les blessés, les malades et la plus infime population. Cependant cette ville de trois cent mille habitants, aussi vaste que Paris, renferme d'immenses magasins et va pourvoir encore mieux, par le départ de la population, à tous les besoins de l'ar-

mée. Le général Duresnel, à la tête d'un corps de troupes,
est envoyé comme gouverneur et chargé de veiller à la tranquillité publique.

Le lendemain l'empereur se rendit au Kremlin, où il
n'eut d'autres témoins de sa gloire que le silence de ce
vaste monument de l'antique puissance des czars et le deuil
triomphal de son armée : car pendant la nuit précédente,
qu'il avait passée dans un des faubourgs, les sicaires de
Rostopschine avaient incendié le bazar, près de la Bourse,
où étaient dix mille boutiques, et plusieurs maisons d'un
faubourg éloigné.

Le général Durosnel et le duc de Trévise employèrent
tous les moyens en leur pouvoir pour arrêter l'incendie.
Mais dès ce moment, si on ose le dire, commença la com-
plicité de la nature avec la politique, à laquelle elle dé-
voua tous ses fléaux.

A huit heures du soir, un vent terrible propagea subite-
ment l'incendie, et à dix heures la flamme s'éleva sur
toute la ville. L'empereur, fatigué de la journée précédente, s'était couché à huit heures. Tout le palais fut ré-
veillé par les cris de l'armée et le fracas de la destruction
des édifices. La journée suivante fut employée à sauver
l'Arsenal, le Kremlir, plusieurs palais et les hôpitaux, où
gisaient les blessés et les malades russes qu'allait dévorer
l'incendie allumé par leurs compatriotes.

Vers cinq heures du soir, le feu entourait tellement le
palais impérial, que Napoléon, craignant que ce grand désastre ne fût combiné avec une attaque nocturne, donna
l'ordre du départ. Il fut obligé de traverser les flammes
pour se rendre au château de Pétrowski.

Moscou expira dans un océan de feu : de douze mille
maisons, cinq cents seulement furent épargnées, et de
seize cents églises, un quart à peine demeura intact. Les
toits de la plupart des habitations, construits en tôle, s'é-
chauffèrent, fondirent et fomentèrent eux-mêmes dans
tous les édifices l'action du feu, que des mains mercenaires

avaient allumé par l'ordre du gouverneur. La flamme qui
dévorait Moscou éclaira la marche de l'empereur ; du som-
met des maisons qu'elle dominait, rabattue par le vent, elle
se recourbait en voûte sur sa tête.

Cependant les soldats français, par les efforts que peut
seule inspirer la nécessité, parvinrent à sauver du sein
des décombres embrasés une quantité assez considérable
de provisions en tout genre, et pendant les six jours que
dura l'incendie ils trouvèrent le moyen de réparer leurs
forces épuisées par une si longue marche et par leurs propres exploits.

Après son installation au Kremlin, Napoléon avait ex-
pédié un courrier à Saint-Pétersbourg avec des propositions de paix : il revint sans réponse. Deux nouvelles armées allaient prendre part aux opérations du généralissime
Kutusow ; elles étaient fortes de soixante mille hommes,
et avaient opéré leur jonction derrière le Styr. Schwartzenberg ne leur opposait que quarante-deux mille hommes;
ce général se retira sur le Bug, et y demeura dans l'inaction.

Pendant que le froid, la famine et le fer faisaient périr
nos braves dans les déserts de la Russie, une conspiration
éclatait à Paris. Mallet et deux autres généraux en retraite
entreprirent de soustraire la France au sceptre de Napoléon. Leur projet avait déjà reçu un commencement d'exécution lorsqu'on se saisit de leurs personnes. Ils furent
fusillés dans la plaine de Grenelle.

En Russie, l'armée opérait sa désastreuse retraite, qui ne
fut pas sans gloire. Le prince Eugène gagnait une bataille,
et l'arrière-garde repoussait l'ennemi.

Le 14, l'armée est de retour à Smolensk, mais les neiges
ont rendu les chemins impraticables. Elle ne pouvait cependant séjourner longtemps dans cette ville, car chaque
délai était mortel. D'un autre côté, les hommes tombaient
asphyxiés par le froid. Quinze jours après le départ de
Moscou, l'armée était réduite à cent mille hommes.

Ce n'est qu'à Wilna que l'armée peut espérer d'être hors de danger. Réduite alors à quatre-vingt mille hommes, cent quatre-vingts lieues la séparent déjà de Moscou. Ces quatre-vingt mille soldats sont soutenus par le courage de Victor et d'Oudinot; mais la perte de la division Partouneaux, qui s'est égarée dans les neiges et qui a été faite prisonnière, rend le passage de la Bérésina difficile.

Les 26 et 27 novembre s'effectue ce passage tristement fameux. Le maréchal Oudinot, à l'avant-garde, est blessé en repoussant l'armée de Moldavie; mais l'intrépide, l'illustre Ney a réuni à son corps celui du maréchal et celui du prince Poniatowski, et mis hors de combat Tchitschagoff. A la tête des 4e et 5e cuirassiers, le brave Doumerc enfonce six carrés d'infanterie et bouleverse la cavalerie russe. Avec quatorze mille hommes seulement, Victor contient les quarante mille que commande Wittgenstein. La perte des Russes fut considérable. Enfin la Bérésina est franchie. Il reviendra des braves de Moscou; ils marchent sur Wilna.

Une population nombreuse de fuyards de Moscou, d'étrangers, de femmes, d'enfants, pressée, foulée, au milieu du choc des deux armées, renversée sous les fourgons, sous les caissons de l'artillerie, dépouillée par les cosaques, expirant sur la neige dans les angoisses de la mort la plus douloureuse, couvrait la plaine.

Une partie seulement de l'artillerie du maréchal Victor resta au pouvoir des Russes. L'artillerie des autres corps avait passé avec eux. L'infortune des armes françaises est égale à sa gloire.

C'est en ce moment que Napoléon, forcé de revenir à Paris, remet le commandement général à Murat.

Le maréchal Macdonald menaçait Riga lorsqu'il fut informé de la retraite de l'armée française. Il quitta Mittau le 19 décembre, et donna ordre au général York de le suivre à une journée de distance.

Près de Tilsitt, le général Laskow voulut s'opposer au passage du maréchal; le général Bachelu le mit en déroute et lui enleva une partie de son artillerie. Le maréchal passa le Niémen le 29, et le 30 il apprit que le général York venait de capituler. Cet événement mit la rive droite de la Vistule au pouvoir des Russes, et Murat se vit forcé de transporter son quartier général à Varsovie et de là à Posen.

D'un autre côté, l'inaction de l'armée autrichienne neutralisait le mouvement de Régnier. Schwartzenberg étant resté dans la Gallicie autrichienne, Régnier et les Saxons se retiraient sur le Bug.

Au milieu de ces deux défaites, les débris de l'armée française, formant cent quarante-cinq mille hommes, reparurent sur les terres alliées; soixante-huit mille neuf cents soldats furent répartis dans les places de Dantzick, de Stettin, etc.

L'Empereur était arrivé à Paris avec le duc de Vicence. Le vingt-neuvième bulletin, qui venait d'être publié, agitait fortement les esprits et causait une douleur difficile à peindre. Déjà dans l'ombre germaient certaines espérances.

Jamais Napoléon ne déploya autant d'activité que dans ces circonstances. La France seconda ses efforts, et deux cent cinquante mille conscrits furent mis à sa disposition.

Le 27 janvier 1813, un traité offensif et défensif est conclu entre la Prusse et la Russie. Pendant ce temps, l'Angleterre intriguait pour faire entrer l'Autriche dans la coalition, et signait un traité avec la Suède.

Le 14 février 1813, Napoléon fit solennellement l'ouverture du Corps législatif, et rendit compte à grands traits des motifs et des malheurs de la guerre de Russie, de la magnanimité de l'armée française, des complots de l'Angleterre, et de ses sentiments particuliers pour la paix. « Je « la désire, dit-il, elle est nécessaire au monde. Quatre « fois depuis la rupture qui a suivi le traité d'Amiens, je « l'ai proposée dans des démarches solennelles. » Il avait dit au sénat : « La guerre que je soutiens contre la Russie « est toute politique, je l'ai faite sans animosité; j'eusse « voulu lui épargner les maux qu'elle-même s'est faits. »

Ainsi, il était déclaré par Napoléon que c'était l'Angleterre qu'il était allé attaquer à Moscou, et qu'il voulait retourner la combattre sur l'Elbe et sur l'Oder.

Cependant le prince Eugène avait employé heureusement les vingt-cinq jours qu'il était resté à Posen à réorganiser la discipline et les différents services de l'armée. Bien qu'il fût en présence de l'ennemi, il trouvait moyen d'armer et d'approvisionner les places, et, malgré le défaut de cavalerie, il parvint à opérer sur l'Elbe une des plus belles retraites dont l'histoire militaire fasse mention.

Il arriva le 21 février à Berlin, où il fit stationner l'armée jusqu'au 4 mars. Quelques renforts, successivement dirigés sur son armée, lui permirent de tenir tête à l'ennemi, quoique celui-ci fût renforcé de toute l'armée prussienne. Il sut se maintenir, soit en avant de Magdebourg, soit en arrière sur la basse Saale, la droite appuyée sur les inexpugnables positions du Hartz.

Ces opérations lui donnèrent le temps d'attendre l'arrivée sur le Rhin de cette autre grande armée que Napoléon avait fait jaillir du sol de la patrie.

La jeune armée vit l'ennemi pour la première fois le 29 avril, à Weissenfeld, où l'infanterie de l'avant-garde défit sept mille cavaliers russes. Le 1er mai, elle s'empara de toutes les positions dans les défilés de Poserna. Bessières perdit la vie dans cette affaire. Le lendemain, l'Empereur s'attendait à rencontrer l'ennemi à Leipsick; mais il apprit que l'armée alliée était en présence du maréchal Ney, près de Lutzen. Il alla aussitôt prendre position sur ce nouveau champ de bataille, où la nouvelle armée fit des prodiges de valeur. L'ennemi perdit dans cette journée plus de trente mille hommes.

Le 12 mai, l'Empereur fit rentrer le roi de Saxe dans sa capitale, et le même jour le prince Eugène reçut l'ordre de se rendre à Milan et de lever de nouvelles troupes en Italie.

Alexandre, à qui Napoléon avait envoyé un message,

fit enfin connaître sa réponse à l'Empereur, et un armistice fut conclu le 4 juin.

Une convention fut signée à Dresde le 30 juin, et la discussion des articles fut continuée dans un congrès qui s'assembla à Prague, mais sans aucun résultat. L'armistice fut rompu le 10 août.

Irrités du refus de Napoléon de se soumettre aux conditions qu'ils voulaient lui imposer, les souverains alliés reprirent l'offensive. Leurs armées se composaient de six cent mille hommes, les forces françaises ne montaient qu'à trois cent cinquante mille.

La jonction des armées autrichienne et prusso-russe eut lieu le 13 août. Napoléon ne le sut que le 21, et déjà il foudroyait Blücher. Tout à coup il apprend que, par les conseils de Moreau, les alliés se dirigent sur Dresde. Il y vole à l'instant, après avoir confié le commandement de l'armée au duc de Tarente, et le 26 il arrive dans la capitale de la Saxe. Ses dispositions sont bientôt prises, et quoique les Prussiens et les Russes soient au nombre de cent quatre-vingt-dix mille, il remporte avec soixante-cinq mille hommes seulement une victoire complète : quarante mille hommes restent sur le champ de bataille, et l'armée entre le même soir à Dresde. Alexandre et le roi de Prusse sont en fuite, et Moreau est puni de sa trahison en tombant sous un boulet français.

Le prince de Schwartzenberg se retirait dans la Bohême, tandis que Bernadotte battait le duc de Raguse à quelque distance de Berlin.

Le 30, Vandamme perdit six mille hommes contre l'armée combinée en voulant la poursuivre jusqu'à Ulm.

Cependant, le roi de Wurtemberg ne tarda pas à suivre l'exemple du roi de Bavière, qui s'était réuni aux Autrichiens. Ainsi l'armée combinée grossissait tous les jours, tandis que la trahison éclaircissait les rangs de l'armée française. Napoléon n'avait plus sous ses ordres que cent cinquante mille soldats et six cents pièces d'artillerie : ses

adversaires lui opposaient trois cent quarante-huit mille
soldats, soutenus par neuf cent cinquante bouches à feu.

Quoi qu'il en soit, l'Empereur ne fut point épouvanté.
Habitué à vaincre, il comptait encore sur son génie et sur
sa fortune; mais sa position était des plus embarrassantes.
Son armée était disséminée dans l'Allemagne ou enfermée
dans les places fortes de la Vistule et de l'Oder. D'un autre
côté, le maréchal Gouvion était bloqué à Dresde avec son
corps d'armée et les débris de Vandamme.

Réduite à cent trente mille combattants, l'armée française
attend devant Leipsick six colonnes de cinquante à soixante
mille hommes qui se dirigent contre ses positions. Le
18 octobre va éclairer ce combat de géants, autre bataille
d'Actium, où le César moderne luttera seul contre un
triumvirat de rois. Pendant sept heures, le centre et la
droite de l'armée française, c'est-à-dire quatre-vingt-quinze
mille hommes en repoussèrent cent soixante-dix mille.

Par des miracles de valeur et d'audace, les troupes de
Ney résistaient aux attaques continuelles de cette masse
ennemie, lorsque tout à coup les Wurtembergeois et les
Saxons passent traîtreusement sous les drapeaux de l'ex-
maréchal Bernadotte, et tournent contre leurs héroïques
alliés soixante pièces de canon, vingt-six bataillons et dix
escadrons.

Napoléon accourt en personne au secours de l'aile gauche,
et avec une division de sa garde et les grenadiers à cheval,
il repousse également les Saxons et les Suédois.

La bataille de Leipsick fut donc gagnée sur la droite et
sur le centre; mais elle fut perdue sur la gauche, qui fut
livrée par les Saxons. Il ne restait plus dans les caissons
de l'artillerie que dix mille coups de canon. Il fallut donc
se diriger sur Erfurth pour y renouveler les munitions; et,
quoique l'ennemi se fût retiré du champ de bataille, Napoléon ordonna le mouvement de la retraite. Elle se fit dans
l'ordre le plus parfait.

Les ponts étaient passés avant le jour. Dix mille hommes

d'arrière-garde descendaient encore les barrières des faubourgs pour donner le temps à l'artillerie et aux parcs de réserve de passer le grand pont, lorsque, trompé par la vue de quelques cosaques qui avaient franchi l'Elster à gué, le sous-officier chargé de détruire le pont après l'évacuation totale de la ville crut que l'ennemi en était déjà maître et le fit sauter.

L'arrière-garde de l'armée, n'ayant plus de retraite, resta prisonnière, et avec elle tous les bagages et deux cents pièces d'artillerie.

Le malheureux prince Poniatowski, blessé à une brillante charge qu'il venait de faire dans les rues de Leipsick, trouva la mort en s'élançant dans le fleuve avec son cheval. Napoléon, en traversant Leipsick, avait eu la générosité d'aller consoler le roi de Saxe de la trahison de ses généraux.

Réduite à quatre-vingt-dix mille combattants, l'armée française arriva le 25 à Erfurth. Elle continua sa retraite, et le 2 novembre elle avait repassé le Rhin.

Réunis à Francfort, les plénipotentiaires des puissances semblent poser les bases d'un traité ; mais ils ne font que combiner l'invasion de la France, et publient une proclamation dont le but est de désunir les Français en les isolant de leur chef.

Arrivé à Saint-Cloud le 7 novembre, Napoléon prend toutes les mesures commandées par les circonstances. Un sénatus-consulte met trois cent mille hommes à sa disposition. Le 2 décembre, il fait déclarer par le duc de Vicence aux plénipotentiaires des armées alliées qu'il acceptait les propositions de Francfort.

Par le traité projeté, la France avait pour limites le Rhin, les Alpes et les Pyrénées ; l'Espagne était rendue à son ancienne dynastie, et l'Italie, l'Allemagne et la Hollande rétablies comme États indépendants.

Le traité allait être signé, et Ferdinand remontait sur le trône d'Espagne ; mais la France était déjà trahie par quelques hommes qui s'opposaient aux mesures pacifiques ; ils

firent échouer les négociations. Napoléon ouvrit la session
du Corps législatif le 19 janvier; le discours qu'il prononça fit
la plus vive sensation. Il déclara qu'il désirait ardemment
la paix, mais qu'il ne voulait l'obtenir que par la victoire.

Napoléon, se voyant entouré d'hommes qui conspiraient
contre sa puissance, trahi à la fois par les deux rois sur
l'alliance desquels il eût dû le plus compter, Murat et Bernadotte, ne pouvait plus se fier qu'en son armée.

Cependant la neutralité de la Suisse venait d'être violée.
Les troupes de l'Autriche et de la Prusse entouraient nos
frontières.

Napoléon quitte Paris le 25 janvier, après avoir confié la
régence à Marie-Louise, et le commandement de Paris à
Joseph. Il établit son quartier général à Châlons-sur-
Marne le 26. Ney, Mortier, Oudinot, Victor, Macdonald,
Marmont commandent sous ses ordres; Soult et Suchet sont
sur les frontières d'Espagne, Maison sur celles du Nord;
Augereau commande à Lyon; Davoust et son corps d'armée
sont renfermés dans Hambourg.

Le 27, Napoléon repousse Blücher près de Saint-Dizier. Il
se porte ensuite sur Troyes, où il apprend que la rupture
du pont de Lesmont retient Blücher à Brienne. Napoléon y
vole et attaque le château et le bourg défendus par les
Prussiens et les Russes. Le combat dura jusqu'à dix heures
du soir.

L'ennemi s'était retiré à Bar-sur-Aube; l'Empereur occupe le château de Brienne le 30. Là, il apprend que Blücher et Schwartzenberg ont opéré leur jonction. L'armée
française n'est que de cinquante mille hommes de la nouvelle levée, tandis que l'armée ennemie est composée de
cent mille vieux soldats. Napoléon n'en commande pas
moins l'attaque; mais il est obligé de céder aux masses
qu'on lui oppose, et il se retire sur Troyes, après avoir
perdu six mille hommes.

L'armée est forcée de continuer sa retraite après avoir
coupé de nouveau le pont de Lesmont, que l'Empereur

avait fait rétablir. Marmont, qui devait protéger la retraite, est resté sur la rive droite de l'Aube : obligé de passer la Voire à Rosnay, il est attaqué dans cette position par vingt-cinq mille Bavarois, que commande le général Wrède. Marmont, à la tête de quelques braves, traverse cette armée l'épée à la main.

Pendant ce temps, le général Maison était refoulé jusque sur les frontières de Flandres; ne pouvant plus résister aux efforts de Bernadotte, Eugène, à la suite de la défection de Murat, avait été réduit à se replier de l'Adige sur les bords du Mincio.

Le congrès de Châtillon-sur-Seine s'ouvrit le 4 février; mais la Russie fit bientôt interrompre les négociations que l'on avait reprises par l'influence de Metternich. Sur ces entrefaites, Napoléon, victorieux de nouveau, ne voulut plus entendre parler de négociations.

Les souverains alliés décidèrent qu'il fallait marcher sur Paris par les deux rives de la Seine et les deux routes de Châlons-sur-Marne, où le général York se trouvait. Le 5, Schwartzenberg occupa Troyes.

Napoléon voulait marcher contre Blücher, qui s'était séparé de Schwartzenberg afin d'agir isolément sur la Marne. Arrivé à Nogent, il apprit l'évacuation de la Belgique, la marche de Blücher sur Châlons, et l'abandon de Liége par le maréchal Macdonald.

Ce fut là aussi qu'il reçut l'*ultimatum* par lequel les alliés exigeaient que la France rentrât dans ses anciennes limites. Le duc de Bassano et le prince de Neuchâtel lui conseillèrent de signer ; mais il refusa. Il envoya cependant l'*ultimatum* à Paris, afin qu'il en fût délibéré dans le conseil privé, ne voulant pas, dit-il, assumer sur lui la responsabilité du démembrement de l'empire.

Alors Napoléon commença avec une nouvelle ardeur à prendre les mesures pour rejeter l'ennemi hors du territoire français. Il ordonna au général Bourmont de défendre le passage de la Seine à Nogent, et au maréchal Ou-

dinot de garder le pont de Bray. Il se dirigea lui-même
sur Sésanne, et, lorsqu'il y arriva, on lui apprit que Macdonald se dirigeait sur Meaux, et que Blücher continuait
à marcher sur Paris. L'Empereur déboucha le 10 février à
Champ-Aubert; après avoir ordonné à Marmont de se
porter en avant, il tombe sur l'ennemi et foudroie Blücher.

Le 11, il marche contre les généraux York et Sacken,
qui, ayant appris la défaite de Blücher, voulaient rétro-
grader. Le corps de ces deux généraux est attaqué par
l'avant-garde de l'armée française près de Montmirail, et,
pendant le combat, Mortier arrive avec la vieille garde.
L'attaque générale est alors ordonnée par l'Empereur, et
les Prusso-Russes sont complétement défaits. Ils sont pour-
suivis jusqu'à Château-Thierry, où ils entrent pêle-mêle
dans la journée du 12. Le général Mortier les empêche de
couper le pont, et les chasse sur la route de Soissons.

Pendant ce temps, Marmont était repoussé jusqu'auprès de Montmirail par Blücher, qui venait de recevoir des
renforts. Le maréchal prend position dans la plaine de
Vauxchamps, où il est bientôt rejoint par l'Empereur. L'ennemi est complétement battu, et Blücher ne s'échappe
qu'à la faveur de l'obscurité. D'un autre côté, Schwartzenberg forçait le passage de Nogent à la tête de cent cinquante mille hommes. Il est attaqué par Napoléon, et son
armée est mise dans une déroute complète et telle, qu'il
est contraint de solliciter une suspension d'hostilités.

Napoléon profite de ce retour de fortune pour demander
la paix à des conditions plus avantageuses que celles qui lui
avaient été offertes par l'*ultimatum* du congrès. Les victoires successives qu'il venait de remporter lui donnaient
le droit de prétendre à un traité avantageux; mais la trahison décidait dans ce moment du sort de la France.

Le 20 février, l'Empereur se porte sur Bray, et de là sur
Nogent, tandis que cent mille soldats étrangers étaient
déjà refoulés sur les bords du Rhin. Le même jour le général Sacken est repoussé à Méry-sur-Seine.

Le 23, Napoléon est sous les murs de Troyes, qu'il occupe après quelques heures de combat. Pendant ce temps, les ducs de Berry et d'Angoulême étaient à Jersey et à Saint-Jean-de-Luz, avec l'armée anglaise.

Blücher, n'ayant pu opérer sa jonction avec Schwartzenberg, marchait sur Paris par les deux rives de la Seine. Marmont et Mortier avaient été obligés de se replier sur La Ferté-sous-Jouarre. L'Empereur apprend ces mouvements; il charge Macdonald et Oudinot de contenir les Autrichiens; mais ces deux maréchaux sont obligés de reculer jusqu'à Troyes devant les forces supérieures de Schwartzenberg. Pendant ce temps, les ennemis marchent contre Lyon, défendu par Augereau, qui devait bientôt se déshonorer par l'impéritie ou la trahison.

Alors Blücher se dirige sur Soissons, après avoir passé la Marne. Napoléon envoie l'ordre à Marmont et à Mortier de devancer Blücher à Soissons; mais le général qui commandait cette place avait été contraint la veille d'ouvrir ses portes, et Blücher, qui était perdu sans ressources, se trouve, par cette circonstance, au milieu de ses alliés.

Le 5 mars, Napoléon se porte sur Béry-au-Bac, qu'il fait enlever par le général Nansouty; le lendemain il marche sur Laon. Le 7, on attaque l'armée russe sur les hauteurs de Craonne : après un combat sanglant qui dure jusqu'à la nuit, et dans lequel Victor, Grouchy et Nansouty sont blessés, l'ennemi est mis en fuite. Napoléon marche alors sur Laon, et rencontre l'ennemi à deux lieues de cette ville : il l'attaque la nuit, mais il ne parvient point à forcer la position élevée qu'il occupe.

Le 10, Marmont se laisse surprendre pendant la nuit, et son corps est dispersé entièrement. L'armée russe chasse de Reims le général Corbineau. Napoléon s'y rend le 13, et force le général Saint-Priest, émigré français, à lui abandonner cette ville. Le même jour, le brave général hollandais Jansen arrive avec un corps de six mille hommes, ce qui portait l'armée française à quarante mille combattants : elle avait à lutter contre l'Europe entière !

Bientôt l'ennemi entoure Paris de toutes parts. Le 16, l'Empereur donne l'ordre à Joseph d'envoyer au moindre danger Marie-Louise, son fils et les ministres au delà de la Loire. Le 20, il traverse Arcis avec les corps de Macdonald et d'Oudinot, qui se sont ralliés à lui, se porte sur la route de Troyes, et découvre devant lui toute l'armée de Schwartzenberg. Malgré les forces bien supérieures de l'ennemi, Napoléon engage le combat, et cherche une mort glorieuse au milieu de cette poignée de braves. La nuit n'arrête point les efforts des soldats, et ils combattent à la lueur des flammes qui dévorent les faubourgs d'Arcis.

Napoléon, malgré la valeur et le dévouement de ses soldats, est obligé d'ordonner la retraite sur Vitry-le-Français; mais elle s'opère d'une manière terrible pour l'ennemi. Le 24, il transporte son quartier général à Doulevent, et commande à ses troupes de marcher sur les alliés, qui occupent toutes les routes de la capitale. Le 25, par une habile manœuvre, le général Piré a séparé l'empereur d'Autriche de l'empereur de Russie. L'arrière-garde française est attaquée par des forces supérieures, et Napoléon, qui semble se multiplier et qui a retrouvé toute l'activité de sa jeunesse jointe à l'expérience des années, y vole et chasse l'ennemi; mais trompé par les rapports de ses généraux, il n'est convaincu que le lendemain que c'est Wintzingerode et non Schwartzenberg qui se retire devant lui. Il apprend aussi que ce dernier a opéré sa jonction avec Blücher dans les plaines de Châlons. Après différents combats les maréchaux Mortier et Oudinot opèrent leur retraite sur Paris, par Sésanne, la Ferté-Gaucher, Meaux, Ville-Parisis.

Napoléon part à la hâte de Saint-Dizier, et le 30, à dix heures du soir, il n'est plus qu'à cinq lieues de la capitale, qu'il veut sauver à tout prix; mais il est trop tard : il apprend par le général Belliard que Paris vient de capituler. Ni Joseph, ni le ministre de la guerre n'avaient pris au-

4

cune mesure pour résister, en secondant l'élan des habitants.

L'Empereur voulait marcher sur Paris, mais il fut détourné de ce projet par la plupart de ses généraux, qui lui représentèrent l'inutilité et le danger de cette démarche. Il y renonça et envoya le duc de Vicence, comme plénipotentiaire. Ce dernier arriva au moment où les souverains alliés venaient de faire leur entrée. Déjà les couleurs de l'ancienne dynastie avaient été arborées.

Le 5 avril fut publié l'acte du sénat qui déclarait Napoléon déchu du trône, le droit d'hérédité aboli dans sa famille, et le peuple français et l'armée dégagés envers lui du serment de fidélité. Le duc de Vicence, accompagné de Macdonald et de Ney, remit aux souverains alliés une déclaration par laquelle Napoléon consentait à descendre du trône et à quitter la France, pour le bien de sa patrie. inséparable des droits de son fils, de ceux de la régence de l'impératrice et du maintien des lois de l'empire.

Cependant, le commandement des troupes entre Essonne et Paris était confié à Marmont; Napoléon lui ordonna de rejoindre ses plénipotentiaires à Paris. Il se rendit donc dans cette ville et fut admis, avec Ney, Macdonald et Caulaincourt, chez l'empereur de Russie, à une heure du matin. Alexandre les écouta avec beaucoup d'intérêt, et ajourna à midi la suite de cet entretien; mais dans cet intervalle on apprit que le corps de Marmont avait abandonné ses positions, et l'empereur de Russie déclara qu'on ne pouvait plus admettre que l'abdication pure et simple de Napoléon.

Quand l'armée de Marmont apprit la trahison de ses chefs, elle témoigna la plus vive indignation : la plupart des officiers brisèrent leur épée, et les soldats, demeurés sans chefs, se laissèrent conduire à Mantes.

La conduite de Marmont affligea profondément l'Empereur. Il adressa, le 5 avril, à l'armée de Fontainebleau, un ordre du jour où il exposa la conduite du maréchal, ainsi

que la situation des choses. Au retour des plénipotentiaires, il déclara qu'il ne voulait point exposer la France à
la guerre civile, et qu'il était décidé à abdiquer. Dans le
même moment, le sénat appelait au trône Louis-Xavier-
Stanislas de Bourbon, frère de Louis XVI, et après lui les
membres de sa famille. Les plénipotentiaires se rendirent
à Paris avec l'abdication de Napoléon.

Par le traité signé le 11 à Paris, et le 13 à Fontainebleau, l'empereur Napoléon, l'impératrice et tous les membres de la famille impériale, conservaient leurs titres. L'île
d'Elbe était donnée à Napoléon en toute souveraineté; les
duchés de Parme, de Plaisance et de Guastalla, donnés à
l'impératrice, devaient passer à son fils.

A ce moment où Napoléon, grand encore dans sa chute,
traitait avec les souverains, le maréchal Soult faisait de
nobles adieux à la gloire militaire de la France. Après
la bataille d'Orthez, il avait lentement et glorieusement
dirigé sa belle retraite jusque sous les murs de la capitale
du Languedoc, dont en quinze jours il avait fait un vaste
camp retranché. Le 10 avril 1814, à six heures du matin,
l'action s'était engagée autour de l'immense enceinte que
le génie du maréchal Soult avait su fortifier sous les yeux
de l'ennemi. La nuit seule avait terminé cette grande
journée, où trente mille conscrits avaient lutté contre
quatre-vingt mille vieux soldats. Les Français ne perdirent
que trois mille six cents hommes; du côté de Wellington,
dix-huit mille restèrent sur le champ de bataille. Le lendemain, le maréchal Soult se met en marche pour le département de l'Aude, afin d'amener à Napoléon une de ses
plus braves armées. Il ne sait pas que la grande bataille
qu'il vient de donner a été dérobée à un armistice, il ne
l'apprend que dans sa marche du 12 par Wellington.

Si cependant, en supposant toujours l'ignorance de
l'abdication, l'armée d'Aragon, commandée par le maréchal Suchet, et dont une partie était déjà arrivée à Nar-
bonne, eût pu se joindre, à Toulouse, à l'armée de Soult,

toute la campagne de Wellington en France était anéantie. La jonction avec l'armée du maréchal Augereau se fût faite dans les Cévennes; celle du vice-roi, qui était alors en marche, y eût également été réunie, et une autre France, sous les drapeaux de cent mille combattants, venait sur les bords de la Loire, et sous le commandement du maréchal Soult, réclamer celle qui était envahie et délivrer le grand prisonnier. Le destin en ordonna autrement, et le 20 avril Napoléon quitta Fontainebleau, après avoir fait ses adieux à la vieille garde.

Cet adieu solennel fut déchirant par l'émotion qui, pour la première fois, attendrit le visage de Napoléon devant ses soldats.

Le 5 mai, à six heures du soir, il arriva à Porto-Ferrajo (ville principale de l'île d'Elbe), où il fut reçu par le général Dalesme, et bientôt rejoint par sa mère et sa sœur Pauline. Trois généraux l'avaient suivi dans son exil, Bertrand, Drouot et Cambronne.

La France venait de reconnaître le gouvernement des Bourbons; et s'il était vrai qu'ils fussent revenus à la suite des armées alliées, il est vrai de dire aussi qu'ils avaient obtenu de ces mêmes alliés une capitulation avantageuse. Mais bientôt des prétentions surannées, des concessions faites à des idées d'une autre époque devaient amener de nouvelles commotions.

Quoi qu'il en soit, Napoléon n'avait pas cessé d'entretenir des relations avec ses partisans; il résolut de regagner la France au commencement de 1815, et il comptait, pour la réussite de ses projets, sur son alliance avec Marie-Louise, et, par suite, sur l'assistance de l'Autriche. Il fit venir des munitions de Naples et des armes d'Alger, et avec onze cents hommes seulement il s'embarqua, le 26 février 1815, à huit heures du soir, sur le brick l'*Inconstant*, qui portait vingt-six canons et quatre cents grenadiers. Six autres petits bâtiments composaient la flottille impériale.

Bientôt l'île fut perdue de vue. Excepté peut-être Bertrand, Cambronne et Drouot, personne ne savait où l'on allait. « Grenadiers, » dit Napoléon après une heure de route, « nous allons en France, nous allons à Paris. » Le cri de *Vive la France! Vive l'Empereur!* s'éleva dans les airs, et la joie reparut sur le front des vieux guerriers de Fontainebleau. Ainsi la Méditerranée allait rapporter encore en France celui que vingt ans plus tôt elle avait ramené d'Égypte. Mais les conséquences devaient être bien plus funestes pour Napoléon et pour la France.

Ce ne fut point sans danger que la flottille débarqua, le 1er mars, à cinq heures du matin, au golfe Juan. Arrivé à Gap le 5, Napoléon y fit imprimer des proclamations qui furent distribuées à profusion dans toute la France.

Le 6 mars, quarante hommes d'avant-garde, sous les ordres de Cambronne, se portèrent jusqu'à Mure, où ils rencontrèrent des troupes envoyées de Grenoble pour arrêter la marche de Napoléon, et qui se replièrent de trois lieues afin de prendre position. Napoléon s'avança alors vers un bataillon du 15e de ligne qui faisait partie du corps de huit cents hommes envoyés contre lui ; et, après qu'il leur eut adressé quelques paroles, les soldats crièrent : *Vive l'Empereur!* et se rangèrent de son parti. Entre cette ville et Vizille, le 7e régiment de ligne, commandé par Labédoyère, vint doubler la force des troupes impériales.

Le lendemain, il passa la revue des troupes de Grenoble. Le soir il se mit en marche pour Lyon.

Cependant le gouvernement de Louis XVIII prenait toutes les mesures possibles pour l'arrêter dans sa marche. Le comte d'Artois et le maréchal Macdonald étaient partis pour Lyon, et devaient marcher contre lui avec vingt-cinq mille hommes, tandis que le duc d'Angoulême, accompagné de quelques généraux, devait lui couper la retraite dans le midi. Le 10 mars, Napoléon fit son entrée à Lyon à la tête de cette même armée envoyée contre lui. Il fut reçu avec un enthousiasme extraordinaire. De Lyon à Paris

il ne trouva plus d'obstacles, et, comme il le dit lui-même,
le drapeau tricolore flotta de clocher en clocher jusqu'aux
tours de Notre-Dame.

Le 19 mars, à minuit, Louis XVIII quitte le château des
Tuileries, et le 20, à neuf heures du soir, Napoléon entre à
Paris. Le 22, il passe la revue des troupes, et leur fait
jurer de défendre les aigles qu'il vient de rapporter de l'île
d'Elbe. Le serment est prêté au milieu des plus vives acclamations de la part des soldats ; mais le peuple, inquiet
de l'avenir, reste silencieux.

La nouvelle du débarquement de Napoléon avait ébranlé
de nouveau l'Europe, et tous les souverains alliés lancè-
rent un manifeste foudroyant contre lui. Celui-ci, avant de
marcher à l'ennemi qui s'avançait contre les frontières de
la France, ouvrit l'assemblée du Champ-de-mai, où fut
prêté le serment de fidélité à l'Empereur et à l'Acte addi-
tionnel. Le 7 juin, eut lieu l'ouverture des chambres législatives, et le 12 Napoléon partit pour l'armée. Le 13, il
était à Avesne, et le 14 il fit camper l'armée sur trois di-
rections : la gauche, forte de quarante-trois mille hommes, sur la rive droite de la Sambre ; le centre, composé de
soixante-quatre mille hommes, à Beaumont, où était aussi
le quartier général, et la droite, de seize mille cinq cents
hommes, en avant de Philippeville. L'armée était donc de
cent vingt-deux mille cinq cents hommes, et avait trois
cent cinquante bouches à feu.

Napoléon avait calculé par les positions soit de l'armée
de Wellington, dont le quartier général était à Bruxelles,
soit de celle de Blücher, dont le quartier général était à
Namur, qu'elles avaient besoin de deux jours au moins
pour se réunir et opérer sur le même champ de bataille.
En conséquence, il s'étudia avec succès à leur dérober ses
mouvements, afin de les surprendre et de les mettre dans
l'impossibilité de se secourir. Calculant de plus, avec la
sagacité d'un homme supérieur, autant le caractère des
deux généraux ennemis que les accidents de terrain, il

jugea qu'il devait attaquer les Prussiens les premiers, et, après avoir électrisé les soldats par un ordre du jour, il se mit en marche le 15.

Les Prussiens furent repoussés dès le premier choc. Du 15 au 16, les Français franchirent la Sambre, la droite sur le pont de Châtelet, le centre sur celui de Charleroy, et la gauche sur celui de Marchiennes. Ce succès était d'autant plus remarquable que le général Bourmont avait sans pudeur passé à l'ennemi.

Le même soir, Wellington porta son quartier général aux *Quatre-Bras*, ce qui ne serait pas arrivé si Ney avait exécuté les ordres qui lui avaient été donnés.

Dans la nuit, Ney reçut l'ordre de se porter aux Quatre-Bras et d'attaquer vivement l'arrière garde anglaise. Le comte Lobau prit position sur le même point, par la chaussée de Namur, pour favoriser cette attaque.

Napoléon se mit alors à la tête des troupes et prit position en avant de Planchenoy. L'armée n'était plus qu'à quatre lieues de Bruxelles, et elle était disposée à marcher en deux colonnes sur cette ville. L'armée anglo-hollandaise avait établi son quartier général à Waterloo .

L'armée française se mit en mouvement le 10 : Napoléon forma six lignes de ses troupes, et se décida à attaquer la gauche de l'ennemi, afin d'offrir un point de jonction à Grouchy qu'il attendait d'un moment à l'autre, et qui devait attaquer Wavres au point du jour, en achevant de détruire l'armée de Blücher, déjà réduite de trente mille hommes. L'attaque commença à dix heures et demie; mais Napoléon ignorait que le corps de Bulow venait d'opérer sa jonction à Wavres avec celui de Blücher. Malgré la résistance des ennemis, le prince Jérôme et le comte Reille enlevèrent le bois et le château d'Hougoumont. Napoléon allait donner l'ordre au maréchal Ney d'attaquer le centre, mais il aperçut des troupes dans la direction de Saint-Lambert, et il apprit que c'était l'avant-garde du corps de Bulow.

A midi le combat s'engage, mais particulièrement sur
la gauche, les troupes de Bulow étant encore stationnaires
à l'extrême droite. Napoléon ordonne à Ney de s'emparer
de la ferme et du village de la Haye, afin de couper les
communications des Anglais et des Prussiens : la ferme est
emportée, et une division anglaise est détruite.

La déroute des ennemis était complète et la victoire
était aux Français, lorsque le corps de Bulow opéra sa
puissante diversion; Napoléon apprit alors que Grouchy
n'avait point exécuté ses ordres, et qu'il était encore à son
camp à dix heures du matin. La canonnade s'engagea bientôt entre le corps commandé par Lobau et celui de Bulow,
pendant que le comte d'Erlon, après s'être emparé de
la Haye, débordait la gauche des Anglais et la droite des
Prussiens.

Le combat devint général; Bulow fut repoussé, et les
Anglais abandonnèrent le champ de bataille entre la Haye
et Mont-Saint-Jean. Pendant ce temps la grosse cavalerie
de la garde, qui était en seconde ligne, se portait au
grand trot sur le plateau. L'Empereur s'aperçut du zèle
imprudent de sa réserve, et voulut la faire rappeler; mais
elle était engagée, et elle fit des prodiges de valeur. Ces
avantages n'équivalaient point à ceux que Napoléon en
attendait. Néanmoins, à sept heures du soir, l'armée française, par d'incroyables prodiges, était restée maîtresse
du champ de bataille, et la victoire avait été arrachée par
soixante-neuf mille Français à cent vingt mille étrangers.

Dans ce moment on entendit dans la direction de Saint-
Lambert la cannonade du maréchal Grouchy. Il n'était arrivé qu'à quatre heures devant Wavres, où il avait reçu
les ordres qui lui avaient été expédiés le matin du champ de
bataille. En conséquence, il détacha le général Pajol avec
douze mille hommes à Limate, sur le pont de la Dyle, et
pendant ce temps le maréchal attaqua Wavres. Blücher y
avait couché avec ses quatre corps d'armée, dont était
celui de Bulow ; mais il était parti, et n'avait laissé à Wa-

vres que le troisième corps, sous les ordres du général saxon Thielman, avec l'ordre de tenir pour masquer son départ. Cette marche de Blücher coïncida d'une manière si fatale pour l'armée française avec la marche rétrograde de Bulow et la position désespérée de Wellington, qu'elle établit la communication entre les deux armées, arrêta l'une dans sa fuite et devint le salut de l'autre. Les Français, à la fin de cette journée, que leurs propres succès avaient rendue si pénible, eurent à combattre contre cent cinquante mille hommes, c'est-à-dire deux et demi contre un.

L'armée française avait cru plus que jamais à la victoire par la retraite du corps de Bulow, quand elle aperçut les colonnes de Blücher. Napoléon faisait dire sur toute la ligne que le maréchal Grouchy arrivait : c'était l'espérance de l'armée; un quart d'heure pouvait donner le salut à tant de braves, et ce quart d'heure était nécessaire pour laisser déboucher et arriver en ligne le reste de la garde. Mais ce moment si précieux, Blücher s'en empara, en se portant avec quatre divisions sur le hameau de la Haye, que défendait une seule division française. Cette division fut culbutée. Là, dit-on, fut entendu le cri funeste de : *Sauve qui peut!* là fut faite la trouée par laquelle l'innombrable cavalerie ennemie inonda le champ de bataille. En ce moment tout fut perdu.

Napoléon dut se réfugier dans un carré de sa garde avec une partie de son état-major, qui avait mis, comme lui, l'épée à la main. La retraite s'opéra par de nouveaux prodiges et de sanglants sacrifices. Le feu de l'ennemi était à huit cents mètres derrière la malheureuse armée française. Les chaussées étaient rompues : un pêle-mêle général, qui entraîna Napoléon et les débris de sa garde, confondit bientôt à travers champs la cavalerie, l'infanterie, l'artillerie, les chariots et les bagages. Le désespoir de ceux qui survécurent et suivirent Napoléon sur Paris ne peut être comparé qu'à la gloire dont ils s'étaient cou-

verts depuis le commencement de la journée jusqu'à la
nuit. L'état-major gagna Jemmapes, où il voulut vainement organiser quelques moyens de défense. Les équipages
de Napoléon avaient été pris. Une charrette servit à transporter le vaincu de Waterloo à Philippeville, où il monta
dans une calèche avec le général Bertrand, qui ne devait
plus le quitter qu'après lui avoir fermé les yeux à trois
mille lieues de la France.

Le lendemain, Napoléon arriva au palais de l'Élysée.
L'ostracisme l'attendait dans la capitale : il avait dû
vaincre, et il revenait sans armée; aussi il perdit tout
à coup le pouvoir et jusqu'à la liberté. Les chambres se
déclarèrent en permanence, et, après la plus vive discussion, elles envoyèrent à l'Empereur le conseil d'abdiquer.

Napoléon abdiqua, mais non sans protester. — Compre-
nant que la peur seule inspirait cette résolution extrême,
il ne voulut pas en appeler à l'armée, et fit noblement le
sacrifice de sa couronne.

Cependant les généraux français essaient de soustraire
la France à une seconde invasion en cherchant à rallier
les débris de Waterloo. Soixante-quinze mille hommes se
réunissent sous les murs de Paris; ce qui n'empêche pas
les alliés de s'avancer vers cette ville avec une sécurité
vraiment extraordinaire. Enfin une capitulation est signée.

Napoléon quitta Malmaison le 29 juin; il arriva le 3 juillet à Rochefort, où il trouva toutes les issues de la mer
occupées par l'ennemi. Le 3 juillet, jour où Louis XVIII
faisait sa rentrée dans la capitale, Napoléon monta à bord
de la frégate *la Saale*, et aborda le lendemain à l'île
d'Aix.

Le 10, la croisière anglaise l'empêcha d'appareiller, et
il se décida à confier son sort aux Anglais. Il fit part de sa
détermination au capitaine Maitland, commandant le vais-
seau *le Bellérophon*, et il se rendit à bord accompagné du
général Becker. Avant d'y entrer, il adressa au général

ces belles paroles : « Retirez-vous, général ; je ne veux pas
« qu'on puisse dire qu'un Français est venu me livrer à
« mes ennemis. »

Plein de confiance dans la loyauté des Anglais, il adressa
la lettre suivante au prince régent :

« En butte aux factions qui divisent mon pays et à l'ini-
« mitié des plus grandes puissances de l'Europe, j'ai ter-
« miné ma carrière politique, et je viens, comme Thé-
« mistocle, m'asseoir au foyer britannique. Je me mets
« sous la protection de ses lois, que je réclame de V. A. R.
« comme du plus puissant, du plus constant et du plus
« généreux de mes ennemis. »

Le 16 juillet, *le Bellérophon* mit à la voile ; mais arrivé à
Plymouth, on fit entendre à Napoléon qu'il allait être trans-
porté à Sainte-Hélène. Il ne voulait pas le croire d'abord.
Le 30 juillet, il fut complétement désabusé : un commissaire anglais lui fit connaître la détermination du cabinet
britannique. Napoléon protesta, mais cette protestation
eut le sort de la lettre au prince régent, et l'hospitalité
du *Bellérophon* devint la captivité sur *le Northumber-
land*, où il fut transféré le 16. On mit à la voile, et trois
mois après, le 18 octobre, il descendit, pour ne jamais la
quitter, sur la terre meurtrière de Sainte-Hélène.

Enfin, le 5 mai 1821, il expira en jetant un dernier regard sur le buste de son fils, et en prononçant ces mots
d'une voix affaiblie, mais ferme : *Tête d'armée... Mon fils...
France...*

DEUXIÈME PARTIE

SON GOUVERNEMENT. — SES CRÉATIONS

APERÇU GÉNÉRAL

Napoléon offrait l'assemblage de qualités qui se rencontrent rarement dans un même caractère. Son imagination, singulièrement active, était tempérée par une maturité de raison tout exceptionnelle. Élevé pour ainsi dire dans les camps, il sut pourtant comprendre et consacrer le principe de l'égalité civile devant le Code, tempérer par la dignité du trône les libertés de la nation, et présider, la veille d'une bataille, à la paisible discussion des lois.

À peine a-t-il ceint la couronne que la France marche à la tête des nations. Devenu pour ainsi dire l'arbitre des puissances du continent, il fait servir son irrésistible influence au plan de pacification, longtemps incompris, qu'a tracé son génie. Dans un sol profondément remué, sa main jette les fondations d'une monarchie nouvelle et dont l'inauguration est saluée par toute l'Europe. C'est

alors que, fidèle à son plan, il fait asseoir auprès de lui la
fille d'une des plus puissantes maisons du monde, qui devient ainsi notre alliée. Bientôt, et pour la première fois
peut-être, on voit un conquérant accuser la guerre de
n'être qu'un fléau, et demander à ceux qu'il a vaincus une
paix qu'il désire plus qu'eux-mêmes.

A l'intérieur, sa prudence sait mettre un terme aux
troubles sanglants qui désolent la Vendée, et, tout en
désarmant les rebelles, relever l'autel au nom duquel ils
croyaient combattre encore.

Législateur de l'empire qu'il a fondé, il donne pour base
à son Code la morale religieuse, répudiant ainsi l'idée cy-
nique qui voulait que la loi fût athée. Il crée en quelque
sorte la prospérité publique, régénère l'agriculture en la
poussant au progrès, ranime le commerce, source inépui-
sable de richesses, ouvre un nouveau système de navigation, joint la Méditerranée à l'Océan, et fait de la France
une vaste place commerciale ayant pour rues des fleuves
et des rivières, et pour bassins deux mers à ses extré-
mités.

De temps en temps il se dérobe à ses conseils pour aller
interroger les besoins et les intérêts des provinces, vivifier
l'industrie d'un regard et activer les sources de la prospérité publique. Les ateliers et les manufactures de nos
grandes villes ressentent encore, bien longtemps après, les
effets d'une visite de l'Empereur.

Il sait que le luxe alimente le travail : aussi favorise-t-il
les grandes spéculations et oblige-t-il les richesses impro-
ductives à circuler, en environnant les fonctions publiques
d'un éclat qui commande le respect des masses.

Des règlements sages et sévères organisent l'armée ; le
grand capitaine a songé à ses compagnons d'armes. C'est
pour eux surtout qu'il institue cette Légion d'honneur qui
va de pair avec les plus illustres ordres militaires et doit
enfanter des héros.

La science et les arts trouvent en lui un protecteur

é lairé : il a voulu être membre de l'Institut. Il honore publiquement ces réunions solennelles où l'historien déroule les annales de l'humanité, où fleurissent la poésie et l'éloquence. Il rouvre, en les réglementant, les institutions de charité consacrées à l'enfance, à la maladie, à la vieillesse, régularise leur existence, et réprime le vagabondage. Il multiplie les bourses, crée les chambres de commerce et les conseils manufacturiers, forme l'École de Châlons et donne un musée spécial aux Arts et Métiers. Sa prudence règle les rapports de maître à ouvrier, et offre à tous deux, dans les livrets, une garantie salutaire. En un mot, sa sollicitude s'étend tour à tour à tous les éléments de l'ordre social, à tous les genres d'intérêts, à toutes les classes.

Telles sont, en abrégé, les œuvres de Napoléon Iᵉʳ, dont on va lire ci-après l'exposé.

MOEURS PUBLIQUES.

Au sortir d'une grande révolution, la réorganisation des lois et de l'ordre politique ne pouvait s'accomplir sans exercer une réaction considérable sur les mœurs et les coutumes nationales. Le premier consul ne voulait autour de lui aucun des scandales du règne de Louis XV ; il aimait dans les mœurs extérieures une certaine sévérité ; il interdisait au vice de s'afficher, et de gouverner les caprices de la mode. La réforme n'était guère facile à opérer deux ans après le règne de Barras, alors que les saturnales du Directoire étaient présentes au souvenir de toutes les classes de citoyens, et que l'immoralité et la corruption venaient à peine d'être détrônées. Mais Napoléon inspirait une crainte respectueuse dont ne pouvaient se défendre les plus dissolus : il forçait la débauche à s'exiler ou à prendre un masque ; et l'honnêteté publique y gagnait beaucoup, même quand le vice trouvait encore le moyen de prendre sa revanche. Napoléon, pour imposer davantage

à ses lieutenants, à ses égaux de la veille, renonçait aux
habitudes familières de la vie. Toutefois cette transforma-
tion ne s'accomplissait que peu à peu. A la Malmaison, à
Saint-Cloud, le premier consul réunissait une société choi-
sie, dans le sein de laquelle figuraient des généraux, des
artistes, des poëtes, des hommes d'État célèbres. Ce monde
était composé de jeunes hommes, car en quelques années
toutes les positions de la société avaient été conquises par
la jeunesse ; et le premier consul, âgé de moins de trente-
trois ans, était comme entouré de camarades, qui, pour
la plupart, ne l'avaient que de peu de temps précédé dans
la vie.

CENTRALISATION.

Dans l'ordre civil, l'obéissance et la hiérarchie s'établis-
saient vigoureusement et comme sans obstacle. Le consulat
fut l'ère de la restauration sociale : Napoléon travaillait à
refaire l'œuvre de Colbert et de d'Argenson ; il organisait
l'administration et la police. La loi du 28 pluviôse an VIII
avait institué les préfectures, les sous-préfectures, en un
mot la centralisation absolue et compacte qui nous régit
encore ; ces services fonctionnaient avec régularité et vigueur : dans chaque département, un conseil général,
choisi par le gouvernement lui-même, avait mission de
représenter les intérêts locaux auprès du préfet : c'était
l'administration élisant ceux qui étaient chargés de la con-
trôler ; système commode, contre lequel personne ne pro-
testait, tant le besoin de l'ordre imposait silence à la
liberté et aux principes. Chaque maire relevait du pouvoir
central, et non de la commune ; il était moins un magistrat qu'un commissaire, qu'un agent du consul ou du
préfet : le garde champêtre servait d'instrument au maire,
et de cet humble officier de police jusqu'au souverain,
tous les autres ressorts de la hiérarchie se reliaient les

uns aux autres, comme les indissolubles anneaux d'une grande chaîne. En trois jours, la volonté du chef de l'État était obéie sur tous les points du territoire, et la France manœuvrait comme un vaste régiment. La discipline militaire appliquée à toutes les branches du service public, tel était l'idéal que rêvait Bonaparte.

CONSEIL D'ÉTAT.

Le conseil d'État, institué par la constitution de l'an VIII, participait à l'action du gouvernement. Ce corps, dont les membres étaient nommés par le premier consul, était chargé, sous sa direction et celle de ses deux collègues, de rédiger les projets de lois et les règlements d'administration publique, et de résoudre les difficultés qui s'élevaient en matière administrative. C'était parmi les membres de ce conseil qu'étaient pris les orateurs chargés de porter la parole, au nom du gouvernement, devant le Corps législatif. Le conseil d'État était donc en réalité le rouage le plus important du mécanisme gouvernemental. Il se composait d'ailleurs d'hommes laborieux ou illustres, aux soins de qui la France pouvait en sûreté remettre le droit d'élaborer les institutions et les idées dont elle allait faire l'épreuve.

CODE CIVIL.

Le conseil d'État, pendant trois ans, se livra à la discussion du Code civil. C'est là, avec le retour de l'ordre matériel, l'œuvre capitale du gouvernement consulaire. La tâche était immense. Il ne s'agissait de rien moins que de restaurer les débris d'un édifice à demi ruiné par la tempête, de modifier les habitudes légales et tout un ensemble d'institutions qui touchaient par mille points aux intérêts privés et à la famille. On sait avec quel bonheur s'accomplit cette grande œuvre, à laquelle Napoléon eut le droit d'attacher son nom, en raison de la part active qu'il y prit, et qui restera à jamais l'un de ses plus beaux titres de gloire.

CODE COMMERCIAL.

Un peu plus tard, la France voyait promulguer le Code de commerce, imparfait peut-être, mais précieux à bien des titres. Les éléments qui lui servaient de base étaient : 1° Les procès-verbaux du conseil d'État ; les exposés des motifs et des discours, les observations du tribunat, celles des cours d'appel, tribunaux et chambres du commerce, en un mot toutes les discussions qui ont servi à préparer le Code ; 2° les dispositions du Code Napoléon et du Code de procédure auxquelles le Code de commerce oblige de se reporter ; 3° les lois, règlements et décrets que le Code de commerce n'a pas abrogés ; 4° les ouvrages des auteurs les plus renommés, sur les dispositions que le Code de commerce a empruntées au droit ancien ; 5° la conférence des dispositions abrogées, avec les dispositions nouvelles qui les remplacent.

CONCORDAT.

Non moins que les lois civiles, les questions religieuses, si graves et si importantes pour la morale publique, préoccupaient le chef du pouvoir.

Le 15 juillet 1801 intervient une convention entre le pape Pie VII et le gouvernement français, par laquelle il est déclaré que le culte de la religion catholique, apostolique et romaine sera public en France ; qu'il sera fait une nouvelle circonscription de diocèses ; que les évêques et archevêques seront nommés par le premier consul, et institués canoniquement par le pape.

EMBELLISSEMENTS DE PARIS.

Napoléon aimait Paris : cette capitale était, à ses yeux, comme un vaste mouvement symbolique, destiné à transmettre aux générations futures le nom de quiconque y aurait ajouté une pierre. Vers l'époque dont nous retraçons l'histoire, le premier consul avait déjà tracé les plans des rues de Rivoli, de Castiglione et de la Paix. Il faisait déblayer le Carrousel, il méditait le plan d'une large rue qui, partant de la façade du Louvre, irait aboutir à la barrière du Trône [1]; dans sa pensée, la Seine se couvrait de ponts; les halles, les marchés, tous les établissements destinés au peuple étaient fondés ou reconstruits sur des proportions colossales; les monuments glorieux venaient ensuite exalter l'orgueil national, et répondre au sentiment de l'art.

ÉCOLES.

La Convention avait essayé d'établir des écoles de médecine, une école normale, l'École polytechnique ; deux écoles d'économie rurale, et, sous le titre d'écoles des services publics, un enseignement complet pour l'artillerie, le génie, les ponts et chaussées, les mines, la géographie, la navigation : elle avait établi dans chaque département une école centrale. Mais la plupart de ces établissements étaient réservés à l'élite des familles, le reste de la nation était

---

1. Ce magnifique projet, ainsi que celui des halles centrales, vient d'être réalisé par Napoléon III.

oublié. Napoléon avait à cœur d'organiser l'éducation publique sur un plan plus moral et plus rationnel.

INSTRUCTION PUBLIQUE.

La famille se reconstituait à peine ; elle n'avait point encore puisé dans le retour à la religion cette moralité dont, par suite des crises sociales, elle s'était vu peu à peu dépouiller : une concession trop absolue faite à la famille, dans la question de l'enseignement, aurait été prématurée ou funeste : l'appel aux corporations religieuses n'était point encore réalisable. Deux ans de réaction contre l'impiété ou l'anarchie n'avaient pas suffi pour préparer les mœurs à un pareil retour contre le passé., et les gouvernements sages ne se brisent pas contre l'impossible. Il était donc, avant tout, nécessaire de sortir du chaos, de rassembler les éléments d'un travail futur, de rétablir l'ordre, la moralité, l'unité. A l'issue d'une période de perturbation et d'anarchie, le principe de la liberté est contraint de fléchir devant le principe de l'ordre. Quand l'ordre a repris un empire suffisant, on aperçoit tout ce qu'il y a de juste et de légitime dans la liberté, et on lui accorde sans danger la satisfaction possible.

Dans le système du premier consul, l'instruction devait être désormais donnée : 1° dans les écoles primaires établies par les communes ; 2° dans les écoles secondaires établies par des communes, ou tenues par des maîtres particuliers ; 3° dans des lycées ou écoles spéciales entretenues aux frais du trésor public.

INSTRUCTION SUPÉRIEURE.

Indépendamment de ces écoles, le projet de loi instituait ou maintenait des écoles spéciales destinées à garantir le dernier degré d'instruction. Le gouvernement proposait d'établir dix écoles de droit, d'instituer trois nouvelles écoles de médecine, et de fonder successivement : quatre écoles d'histoire naturelle, de physique et de chimie ; deux écoles spéciales d'arts mécaniques ; une école de mathématiques transcendantes ; une école spéciale de géographie, d'histoire et d'économie publique ; une quatrième école des arts du dessin ; enfin une école spéciale militaire, où l'on enseignerait les éléments de l'art de la guerre à une portion des élèves sortis des lycées.

IMPOTS.

La perception de l'impôt s'opérait avec régularité, mais le revenu public ne cessait point d'être inférieur aux charges de l'État. Napoléon eut recours à l'emprunt, à l'aliénation d'une portion considérable du domaine national.

La ressource des impositions indirectes se présentait à son esprit : on mit en régie le sel, le tabac, les boissons, les principaux objets de consommation de la classe ouvrière. Ces perceptions prirent la dénomination de droits-réunis. Le gouvernement procéda avec une adroite circonspection : la Régie ne s'établit que peu à peu ; on usa de précautions et de ménagements, et l'impôt de consommation parut d'abord tolérable. C'était le moment où l'industrie nationale commençait à naître. Le chef de l'État lui prodiguait les encouragements et les secours.

INDUSTRIE.

Pour accroître les revenus du fisc, il importait de développer les éléments de la prospérité agricole et industrielle de l'empire. Des encouragements furent donnés au

commerce, à l'agriculture; on créa des entrepôts à Mayence,
à Marseille, à Cologne; on institua des bourses de commerce dans les grandes villes; on établit des chambres
consultatives pour les manufactures et les fabriques, pour
les arts et les métiers. Le conseil général du commerce
siégea à Paris; le premier consul ne négligea aucun effort
pour que l'exposition périodique des produits de l'industrie française reçût les développements les plus rapides :
il voulut en faire une foire, une *grande foire nationale.*
Il veilla à ce que des éloges, des achats opérés pour le
compte de l'État, et avant tout des récompenses honori-
fiques, stimulassent dignement le zèle du manufacturier,
de l'artiste, de l'ouvrier lui-même. Sous ces splendides
voûtes du Louvre, au milieu de ces produits rassemblés,
et dont notre industrie nationale, récemment sortie du
tombeau, se montrait justement fière, Napoléon se promenait durant de longues heures : il se faisait rendre
compte des procédés nouveaux, des progrès de tout genre ;
il s'arrêtait pour considérer l'instrument utile employé aux
usages vulgaires, mais susceptible de venir en aide au
peuple; et il félicitait l'auteur de cette découverte, plus
encore que l'inventeur d'une combinaison bien autrement
ingénieuse et savante, lorsque celle-ci ne s'appliquait
qu'aux besoins du luxe. Dans ces moments, où il se
montrait plus admirable que sur le champ de bataille,
Napoléon causait avec les artistes, avec les fabricants;
il s'instruisait en écoutant leurs réponses; il encourageait
leur dévouement par cela même qu'il ne voulait pas le
laisser inaperçu. Pour que le travail fût productif et in-
telligent, pour qu'il fût dégagé du vice ou des lenteurs de
la routine, il organisa des établissements d'instruction
professionnelle. On donna l'enseignement à l'ouvrier. Napoléon voulut que Compiègne devînt une pépinière d'arti-
sans habiles; par ses ordres, l'enseignement réservé aux
travailleurs fut divisé en cinq classes différentes : l'étude
du forgeron, du limeur, de l'ajusteur, du tourneur de

métaux, composèrent la première ; l'étude du fondeur, la seconde ; celle de la charpente et de la menuiserie, la troisième ; celle du tourneur en bois et du charron, les deux dernières. Conception vraiment grande et nationale, qui devait, comme on l'a vu, occuper une place sérieuse dans les conquêtes futures de l'industrie.

TRAVAUX PUBLICS.

Les travaux du canal de Saint-Quentin, les ouvrages entrepris pour réunir l'Oise à l'Escaut, l'Escaut à la Somme ; les canaux d'Arles, d'Aigues-Mortes, de la Saône ou de l'Yonne ; le grand canal destiné à unir la Saône au Rhin ; ceux qui devaient joindre le Rhin, l'Escaut et la Meuse, et unir la Manche à l'Océan par la jonction de la Rance à la Vilaine ; ces puissantes œuvres du labeur ou du génie reçurent de la volonté du premier consul une impulsion vigoureuse. Des sommes considérables furent affectées au desséchement des marais de Rochefort et du Cotentin ; les ports du Havre et de Cherbourg, ceux de Marseille, de Cette et de Nice, virent entreprendre et continuer des ouvrages du plus haut intérêt ; on éleva des ponts, on ouvrit des routes ; le Louvre fut dégagé des constructions grossières qui déshonoraient sa noble architecture, la place du Carrousel fut régularisée et agrandie ; on posa la première pierre du quai d'Orsay. Dans la Vendée et dans la Bretagne, on jeta les fondements de villes nouvelles ; des chemins de communication furent ouverts, des canaux furent creusés en Bretagne ; on répara les fortifications de Quiberon, de Belle-Isle, de l'Ile-Dieu. Le fort Bayard fut entrepris, dans le but de garantir, contre les atteintes des Anglais, le bassin qui s'étend entre Rochefort et la Rochelle.

LÉGISLATION MANUFACTURIÈRE.

La sollicitude du conseil d'État était souvent appelée sur la nécessité de doter la classe industrielle d'une législation convenable : les hommes les plus habitués à étudier ce problème étaient convaincus que les individus abandonnés, dans l'exercice de leur industrie, à l'impulsion de leurs intérêts, finissent toujours par prendre la direction la plus favorable à leur prospérité particulière, et, conséquemment, au bien-être général du pays. L'Assemblée constituante ayant prononcé la suppression des jurandes et des maîtrises, aussi bien que l'abolition des règlements de fabrique, il n'y avait plus de bornes à l'exercice de l'industrie, ni de gêne à la circulation des produits du travail. La liberté de mourir de faim, laissée à l'ouvrier, si elle était commode pour le pouvoir, qui se retranchait dans l'immobilité absolue, trouvait évidemment quelques détracteurs; puis on se plaignait de la violation des contrats d'apprentissage, de l'infidélité de l'ouvrier, de l'injustice des maîtres, de la vente des marchandises sous des dénominations mensongères. Napoléon se préoccupa de ces plaintes; il chercha à remédier à quelques abus : on organisa les bouchers de Paris en corporation, et c'était là faire un pas vers le rétablissement des institutions abolies; on adopta des règlements relatifs aux contrats d'apprentissage, aux obligations respectives des maîtres et des ouvriers, aux marques de fabrique : puis, lorsqu'il fut question de déterminer la compétence des autorités qui connaîtraient des contestations en ces sortes de matières, quelques-uns s'élevèrent en faveur d'un retour complet aux jurandes. Ces avis, combattus par le souverain, furent repoussés; mais la question demeura encore longtemps indécise. Le moment n'était pas venu de résoudre complétement les graves problèmes qui se rattachent à l'organisation du travail.

BANQUE DE FRANCE.

Au moment de la rupture avec l'Angleterre, on avait conçu d'assez vives inquiétudes sur la situation de la Banque. Il existait alors une caisse d'escompte du commerce et un comptoir commercial, qui émettaient des valeurs et escomptaient les effets des marchands en détail. La prévision d'une guerre avec l'Angleterre avait suffi pour nuire au crédit de ces deux institutions. Napoléon craignait que le conflit de trois établissements fabriquant du papier-monnaie ne donnât lieu à des complications fâcheuses, dès la première crise que le gouvernement ne pourrait conjurer. Il pensait que le pays se trouverait mieux de n'avoir qu'une banque nationale, surveillée par l'autorité publique; ce système lui plaisait parce qu'il lui paraissait simple, et fort en harmonie avec la politique de centralisation. Un abus existait dans l'organisation de la Banque de France : les actionnaires avaient le privilége de présenter des lettres de change revêtues seulement de deux signatures; la Banque voulait maintenir cet ordre de choses; mais Napoléon se préoccupa avant tout de donner des garanties aux porteurs de billets, c'est-à-dire au public, et il jugea avec raison que ces garanties seraient incomplètes si les actionnaires restaient dispensés des conditions rigoureuses de l'escompte. Il rendit donc générale la condition de trois signatures; mais, d'un autre côté, on supprima la caisse d'escompte du commerce ; et, pour ne point déposséder les personnes intéressées dans cette caisse, on créa en leur faveur, à la Banque nationale, quinze mille actions nouvelles.

CHIMIE APPLIQUÉE.

Les préoccupations publiques, législatives et commerciales n'excluaient point, chez l'homme dont nous esquissons l'histoire, la volonté bien arrêtée d'encourager les savants et de favoriser les études qui devaient avoir pour résultat le progrès de l'industrie. Il recherchait avec ardeur et provoquait de toutes ses forces les découvertes et les procédés nouveaux propres à atteindre ce but. C'est ainsi que se naturalisa chez nous le rouge d'Andrinople et la teinture du coton au moyen de cette substance : le pastel, cultivé en France, fut substitué à l'indigo ; les pouzzolanes d'Italie remplacèrent les terres ocreuses ; les pépinières du Luxembourg furent consacrées à des essais vinicoles de la plus haute importance pour nos contrées méridionales. Les mines, les usines, les salines, toutes les exploitations qui alimentent le commerce ou la vie matérielle furent l'objet d'une sollicitude marquée. En même temps on créait des concours et une exposition périodique des produits de l'industrie, au Louvre.

Chaptal, il faut le dire, était le Colbert de cette époque : il avait compris, lui aussi, les besoins de la France et se montrait le digne coopérateur du chef de l'État qui, appréciateur du procédé de Berthollet pour le blanchiment des toiles par l'acide muriatique, lui donnait toute l'extension possible et instituait la Société d'encouragement pour l'Industrie Nationale. *Berthollet* était alors le prince de la chimie ; sa science dotait nos verreries et nos savonneries de la soude artificielle, d'observations précieuses sur les propriétés tinctoriales du frêne, et d'études toutes nouvelles sur les sulfures alcalins et le phosphore. Ruiné par ses nombreuses expériences, il recevait à l'improviste de Napoléon un don personnel de 300,000 francs.

SCIENCES.

A côté de Berthollet, *Monge*, digne collaborateur de Napoléon et son compagnon de voyage en Orient, où il avait expliqué le phénomène du mirage, Monge inventait la géo-

métrie descriptive, présidait la commission scientifique
d'Égypte, perfectionnait les arts du dessin, du lavis et de la
perspective, appliquait aux armes françaises le fruit de ses
découvertes, et enfin dirigeait l'École polytechnique, l'une
des gloires de la France. — *Lagrange*, à son tour, lié d'amitié
avec le vainqueur de l'Italie, professait à l'École normale ses
magnifiques recherches sur les fonctions analytiques, sur les
équations numériques, et publiait sa célèbre méthode des
variations. — Dans un autre ordre de sciences, *Vauquelin*,
qui a écrit le *Manuel de l'Essayeur*, enseignait à l'École
de Médecine l'art des manipulations; enfin *Prony*, l'illustre ingénieur, dirigeait avec un rare talent le corps savant
des ponts et chaussées, que l'Europe nous envie.

DÉCOUVERTES UTILES.

Et comme pour compléter cette pléiade d'hommes émi-
nents, dont la Providence semblait entourer à dessein
Napoléon Bonaparte, la même époque voyait briller
Gay-Lussac, l'aéronaute, qui, de concert avec *Humboldt*,
déterminait la position de l'équateur magnétique et son
intersection avec l'équateur terrestre, et s'adjoignait à
Thénard pour vulgariser, dans les Annales de Chimie, ses
brillantes recherches sur la pile galvanique. *Brongniart*
faisait faire d'immenses progrès à la minéralogie, à la géo-
logie et à l'histoire naturelle; les frères *De Girard* éta-
blissaient les machines à tisser le lin et la lampe qui
porte leur nom; *Jacquard*, l'ouvrier lyonnais, décoré de la
main de Napoléon, inventait le système qui, de nos jours
encore, rend de si précieux services aux industries tex-
tiles; *Ternaux* importait en France les cachemires qui
peuvent rivaliser avec les produits de l'Inde; *Richard-
Lenoir*[1] filait le coton à la mécanique, et dignement

1. La veuve de Richard Lenoir vit encore. Elle a été récemment l'objet de
la sollicitude de Napoléon III.

encouragé par Napoléon, il naturalisait chez nous les mull-jennys et donnait de sages avis sur les questions douanières; *Oberkampff* fondait la manufacture de toiles peintes de Jouy, qui contenait en germe la prospérité future de l'Alsace; *Achard*, né Prussien, cultivait la betterave, destinée à fournir plus tard le sucre et l'alcool; enfin, *Parmentier*, déjà vieux, et dont le nom, cher au peuple, sera immortel, lors même que la *pomme de terre* conserverait son vieux nom, Parmentier était appelé par Napoléon à la direction du conseil supérieur de salubrité, quelques années après la publication de son traité sur les végétaux alimentaires; enfin *Raoul*, l'inventeur trop peu connu des limes qui rivalisent glorieusement avec celles de l'Angleterre, recevait un soir la visite et les observations éclairées d'un inconnu qui, le lendemain, signait de sa main *impériale* un brevet de la Légion d'honneur et lui envoyait 100,000 francs à titre d'encouragement.

Les limites du cadre qui nous est assigné exigent que là se borne un exposé que nous eussions pu facilement étendre. Qu'il nous suffise maintenant de résumer brièvement la carrière du grand empereur, en empruntant à lui-même un jugement que la postérité a d'ailleurs pleinement ratifié. Écoutons ses propres paroles :

« J'ai refermé le gouffre anarchique et débrouillé le « chaos. J'ai réfréné la révolution, ennobli les peuples et « raffermi les rois. J'ai excité toutes les émulations, ré- « compensé tous les mérites et reculé les limites de la « gloire. Tout cela est bien quelque chose. Et puis, sur « quoi pourrait-on m'attaquer qu'un historien ne puisse « me défendre? Seraient-ce mes intentions? mais il est en « fonds pour m'absoudre. Mon despotisme? mais il démon-

« trera que la dictature était de toute nécessité. Dira-t-on
« que j'ai gêné la liberté? mais il prouvera que la licence,
« l'anarchie, les grands désordres étaient encore au seuil
« de la porte. M'accusera-t-on d'avoir trop aimé la guerre?
« mais il montrera que j'ai toujours été attaqué. D'avoir
« voulu la monarchie universelle? mais il fera voir qu'elle
« ne fut que l'œuvre fortuite des circonstances, que ce
« furent nos ennemis eux-mêmes qui m'y conduisirent pas
« à pas. Enfin, sera-ce mon ambition? ah! sans doute, il
« m'en trouvera et beaucoup; mais de la plus grande et de
« la plus haute qui fut peut-être jamais! celle d'établir,
« de consacrer enfin l'empire de la raison, et le plein
« exercice, l'entière jouissance de toutes les facultés hu-
« maines... En bien peu de mots, voilà pourtant toute
« mon histoire! »

(*Napoléon à Sainte-Hélène.*)

TROISIÈME PARTIE

SA VIE PRIVÉE. — SON CARACTÈRE.

※

« La majesté de l'histoire, a dit un célèbre écrivain,
« n'admet que des portraits en pied, ou des statues à
« grandes proportions. » N'en déplaise à l'auteur de cette
maxime, nous sommes d'un autre avis. Il est selon nous
difficile de bien connaître un personnage, si l'on n'a pu
envisager que le côté public et pour ainsi dire officiel de
son caractère; tandis qu'il suffit parfois de quelques traits
de sa vie intime pour permettre d'apprécier l'homme tout
entier et de le juger d'autant mieux que l'on a surpris,
chez lui, la nature sur le fait. C'est ainsi que de charman-
tes anecdotes ont popularisé le nom d'Henri IV, tandis
que des faits et gestes d'un ordre plus élevé demeurent en
quelque sorte confondus dans l'immense dédale de nos
archives historiques.

D'ailleurs, il est à remarquer que les détails de la vie
privée, lorsqu'ils sont puisés à bonne source, viennent, en
pareil cas, adoucir la sécheresse du portrait historique d'un

grand homme, de même que la main de l'artiste corrige
l'âpreté du trait daguerrien.

Nous croyons donc qu'on ne lira pas sans intérêt les
particularités, assez peu connues, dont nous faisons suivre
ces lignes.

Napoléon était de taille ordinaire, plutôt petite que
grande, quatre pieds onze pouces. Il avait la tête très-
grosse, le front large et élevé; ses yeux étaient bleu clair,
ses cheveux fins comme de la soie, ses sourcils châtain
noir. Son regard, qu'il était difficile de supporter, et que
l'on a si heureusement comparé à celui de l'aigle, était
rapide comme l'éclair, doux ou sévère, terrible ou caress-
sant, selon les pensées qui agitaient son âme. Il avait le
nez bien fait, la forme de la bouche gracieuse et d'une
extrême mobilité. Ses mains petites, potelées, étaient re-
marquablement belles et blanches. Sa voix était digne,
sonore, accentuée. Il avait la poitrine large, le buste un
peu long, en sorte qu'en le voyant à cheval, on l'aurait
jugé un peu plus grand qu'il n'était en réalité.

Son visage, pendant l'enfance et la jeunesse, était celui
d'un adolescent italien, brun et vif. Après les campagnes
d'Italie et d'Égypte où il avait été éprouvé par les fatigues
de la guerre, ses joues étaient creuses et pâles. Ses longs
cheveux plats descendant sur ses joues et ses oreilles, lui
donnaient un aspect singulier, mais qui inspirait l'intérêt,
l'admiration, le respect.

Parvenu au pouvoir, il ne tarda pas à perdre sa mai-
greur. Son teint s'éclaircit, et peu de figures étaient aussi
belles que la sienne dès les premières années de l'empire.
C'était un type d'une régularité remarquable, que les artistes se sont efforcés de reproduire, et dont quelques portraits de David, de Gérard, de Girodet, le buste de Chau-
det, peuvent seuls donner une idée exacte. Le plâtre moulé

sur sa tête après sa mort rappelle une belle étude de
l'antiquité.

※

En parlant de ses premières années, il disait de lui-
même, « je n'étais qu'un enfant obstiné et curieux; »
mais, si l'on étudie, dès cet âge, les développements de
son caractère, on ne peut méconnaître en lui les marques
certaines qui signalent l'enfance des hommes illustres.

Sa passion pour les jeux d'enfant, les tambours, les fu-
sils, les épées, etc., l'emportait sur l'étude. A Ajaccio,
rien ne pouvait l'arrêter lorsqu'il entendait les soldats
passer dans la rue. A Brienne, son aptitude au travail, son
adresse étonnante aux exercices militaires, le firent souvent proposer pour modèle à tous les élèves de sa classe.
Rien ne le rebutait, ne lui semblait difficile; son esprit
juste et pénétrant saisissait vite et retenait avec ténacité.
En moins de quatre ans il était le premier élève de l'école.

Tout en lui était original, jusqu'à ses défauts. Il pensait
déjà et s'exprimait en philosophe.

※

A l'École Militaire, où il passa ses premières années, il
se fit remarquer par l'austérité de son caractère et de ses
mœurs, ce qui lui avait fait quelques ennemis parmi ses
camarades.

Lié d'amitié avec un des élèves de cette école, ce dernier forma d'autres liaisons avec quelques camarades un
peu relâchés, dont les principes déplaisaient à Bonaparte.
Après lui avoir fait quelques observations sur l'inconve-
nance de ces liaisons, il lui dit un jour : « Monsieur, vous
avez des liaisons que je n'approuve pas; j'ai réussi à con-
server vos mœurs pures, et vos nouveaux amis vous per-

dront. Choisissez donc entre eux et moi, je ne vous laisse
point de milieu : il faut être homme, et vous décider. »

Peu de temps après, il le quitta.

Bonaparte n'était encore que simple officier dans le premier régiment d'artillerie, lorsqu'il fut envoyé à Toulon. Ce
fut au siége de cette ville qu'il commença à faire entre-
voir ce qu'il serait un jour. Un représentant du peuple
ayant condamné le placement d'une batterie, il se permit
de lui dire : « Mêlez-vous de votre métier de représentant,
et laissez-moi faire le mien d'artilleur; cette batterie restera là, et je réponds du succès sur ma tête. » Cette fer-
meté de Bonaparte eût pu lui coûter cher, sans l'intelligence et la modération de celui à qui il fit cette réponse.

Toulon pris, Bonaparte fut nommé général de brigade,
mais cette récompense fut suivie d'une prompte disgrâce.
Il revint à Paris; il avait un grade, mais pas d'emploi, et
comme alors commençait la dépréciation des assignats, il
éprouvait une grande pénurie.

Un jour, il se promenait seul sur la terrasse des Feuil-
lants, où passaient beaucoup de membres de la Convention pour se rendre à la salle des séances, alors aux Tuileries. Comme il contait ses doléances au représentant du
peuple Henri Larivière, le président de la Convention,
Boissy-d'Anglas, vint à passer auprès d'eux, et fit signe à
son collègue qu'il avait un mot à lui dire :

« Tu ne sais donc pas, lui dit-il dès qu'ils furent un peu
à l'écart, que l'homme avec lequel tu causes est le petit
général Bonaparte, le plus insupportable bavard? Si tu
l'écoutes, tu n'en seras pas quitte ce soir. »

Là-dessus Boissy-d'Anglas poursuivit son chemin, et Henri Larivière revint auprès de Bonaparte. Faut-il le dire? Ce jour-là Henri Larivière lui prêta deux écus de six livres. que l'Empereur ne lui rendit jamais. Il est vrai qu'ils ne se revirent pas depuis.

Après la prise de Milan par l'armée française, dans la deuxième campagne d'Italie, le peuple fit chanter un *Te Deum* dans l'église cathédrale de cette ville, en réjouissance de l'heureuse délivrance de l'Italie, des hérétiques et des infidèles. Bonaparte, dans une lettre aux deux autres consuls, leur fit part de cet événement; il ajouta : « On va chanter un *Te Deum*, j'y assisterai, malgré ce qu'en diront les athées de Paris. »

C'était en 1801. Notons l'époque.

Le général Dorsennes, l'un des braves de l'armée, était toujours tiré à quatre épingles; aussi Napoléon le nommait-il *son muscadin.* Un jour, dans un moment de besoin. l'Empereur se fit donner un verre d'eau-de-vie par une jeune vivandière qui ne le connaissait pas. Lui montrant ensuite le général Dorsennes : « Tiens, lui dit-il, voilà l'Empereur, fais-toi payer. » La jeune femme se retourne. et voyant un général propre et soigné comme s'il fût sorti tout fraîchement d'une boîte, répondit : « L'Empereur... lui? Allez donc conter vos gausses à d'autres. L'Empereur ne fignole pas comme ça. » Jamais peut-être Napoléon n'a ri d'aussi bon cœur.

La sobriété de Napoléon était remarquable. Il déjeunait aux Tuileries sur un petit guéridon en bois d'acajou, recouvert d'une serviette. Le déjeuner durait ordinairement de 7 à 8 minutes. Le dîner 20 minutes au plus, excepté les jours où il se donnait *des libertés*. C'est ainsi qu'il s'exprimait sur ses repas en famille ou en société de personnes qu'il affectionnait. Il ne buvait que du vin de Chambertin, et très-rarement il le buvait sans eau. Il avait en aversion les vins de liqueur et la liqueur. Il prenait tous les jours deux tasses de café, l'une le matin après son déjeuner, l'autre après son dîner.

C'était surtout à l'armée et dans les marches que l'Empereur brillait par la simplicité de ses mœurs et de son caractère. Dans les haltes qu'il faisait faire, il s'asseyait sous un arbre avec le maréchal Berthier. Si c'était l'heure de son déjeuner ou de son dîner, on lui faisait cuire des œufs au miroir, en plein air, ou on lui arrangeait des haricots en salade. Un seul de ces deux mets lui suffisait avec un peu de fromage de Parmesan. On ne saurait croire quel bon effet produisait sur l'esprit du soldat cette admirable frugalité.

Peu d'hommes ont poussé plus loin que Napoléon l'extrême répugnance pour tout ce qui n'était pas extrêmement propre, surtout dans le manger. Aussi, lorsque dans ses campagnes il se trouvait quelquefois logé chez de pauvres gens, il préférait un morceau de fromage ou des fruits, à un ragoût quelconque qu'il aurait soupçonné n'être pas arrangé proprement.

Dans un voyage qu'il fit à Cherbourg en 1811, après avoir inspecté le corps de garde et toute l'artillerie, il se fit apporter le pain de munition et la soupe des soldats. Il en prend une cuiller pleine, et la première chose qu'il aperçoit c'est un grand cheveu. Il l'ôta lui-même, et mangea la soupe sans hésiter. En toute autre occasion, c'en eût été assez pour lui soulever le cœur et lui faire quitter la table. Mais il avait besoin de ne point affliger les soldats qui l'entouraient.

⋘⋙

Napoléon aimait la présence d'esprit. Un jour de grande revue sur la place du Carrousel, comme il se portait au galop sur la droite, son chapeau vint à tomber. Un jeune élève de l'École polytechnique, qui se trouvait à portée, le ramasse et le présente à l'Empereur. « Merci, capitaine, lui dit Napoléon en riant. — Dans quel régiment, Sire ? » demande le jeune homme avec une présence d'esprit admirable. L'Empereur étonné s'arrête, considère l'élève, et lui répond sur-le-champ : « Dans ma garde. » Rapp prit le nom du jeune homme, qui le lendemain reçut son brevet de capitaine. Mais n'ayant point encore fini ses études, il n'entra en activité que deux ans après, quoique son traitement de capitaine lui fût payé du jour de sa nomination.

⋘◈⋙

Parcourant un jour sur une péniche la rade de Boulogne, malgré le feu très-vif d'une frégate anglaise, il s'aperçoit que le jeu d'une de nos batteries n'atteignait nullement les ennemis ; il se fait mettre à terre, se rend auprès de la batterie, tire un crayon, fait ses calculs sur son portefeuille, et ordonne aux canonniers de mettre dans leurs pièces une quantité de poudre plus forte qu'à l'ordinaire. Ils obéissent ; mais un bombardier hésitait à mettre le feu, dans la crainte que le mortier ne crevât. Bonaparte, qui voit son inquiétude, prend la mèche, l'ap-

proche de la lumière ; le coup part, la bombe va briser le
beaupré de la frégate anglaise.

La bataille d'Eylau fut terrible, à un tel point que les
corps français, cavalerie et infanterie, étaient pêle-mêle
les uns parmi les autres. Il fallut quatre jours pour que
chacun rentrât dans son régiment. Cet état de choses n'a-
vait point échappé à l'Empereur. Aussi dit-il : « Si les Russes m'eussent attaqué le lendemain, nous étions perdus.
Mais ils n'ont pas de ces inspirations-là. » Napoléon seul
pouvait s'exprimer ainsi.

L'Empereur faisait restaurer le palais de Fontainebleau,
qui, par parenthèse, en avait grand besoin. Il y avait là
de 1,500 à 2,000 ouvriers de tous états. On apprit un beau
matin que l'Empereur viendrait dans la journée visiter les
travaux. Tout le monde alors de s'assembler et de con-
venir qu'un bouquet serait présenté en cérémonie par une
députation d'un membre de chaque corps de métier. « Un
bouquet, non, dit un jeune appareilleur; une simple violette sera plus de son goût. — Accordé une violette! s'é-
crie-t-on, et que celui qui a fait la proposition fasse aussi
la harangue. »

A quatre heures, l'Empereur arrive au château, suivi de
l'architecte et des officiers de sa maison. La députation le
reçoit à la première grille. Le jeune orateur lui présente
une violette et lui dit : « Sire, Votre Majesté restaure les
empires et les palais; mais alors que les palais et les empires s'écrouleront sous la main du temps pour faire place
à d'autres, le nom de Votre Majesté surnagera sur le gouf-

fre des âges. Regardez, Sire, ces deux mille jeunes gens :
tous sont dans la force de l'âge, pleins de vigueur et de
santé ; eh bien, Sire, ils m'ont chargé de vous dire que
leur jeunesse, leur force, leur courage et leur sang sont
au service de Votre Majesté. — Et toi, répondit l'Empereur charmé, va leur dire qu'ils sont tous mes enfants, et
que de tous les harangueurs que j'ai entendus, tu es celui
qui m'a fait le plus de plaisir. Tu n'as pas encore servi?
— Sire, c'est mon tour l'année prochaine. — Duroc, prenez
son nom. Entends-tu, jeune homme? tu écriras au grand
maréchal du palais, si le sort te désigne. » L'Empereur fit
distribuer une forte somme d'argent aux ouvriers, pour
qui ce jour fut une mémorable fête.

Si l'Empereur n'avait été presque sûr d'être reconnu, il
est peu d'ateliers dans Paris qu'il n'eût visités incognito. Il
avait un goût particulier pour ce genre de distraction.
« C'est un grand moyen, disait-il, de saisir la vérité sur le
fait. » Un jour qu'il était avec Duroc à regarder aux Tuileries des ouvriers doreurs, il remarqua qu'ils laissaient en-
voler beaucoup d'or. — « C'est si léger, lui dit le maréchal du palais, qu'ils ne peuvent le retenir. Croiriez-vous,
Sire, que l'or préparé au laminoir, et battu ensuite dans
un livret de baudruche, peut être réduit en feuilles si
minces, qu'il en faut plus de mille pour faire l'épaisseur d'une
feuille de papier ordinaire? — Vous voulez rire, Duroc, ou
c'est un conte que l'on vous a fait? — Je proteste à Votre
Majesté que rien n'est plus vrai. — Mais regardez donc,
mon cher, ce que c'est que l'épaisseur d'une feuille de
papier, et dites-moi s'il est possible de la diviser mille
fois? — Sire, cela se fait. — Eh bien, Monsieur l'entêté,
nous verrons cela cet après-midi. Préparez-vous à sortir.
L'habit bourgeois, un chapeau rond, et un cabriolet que

nous conduirons nous-mêmes. » En effet, l'Empereur et le
grand maréchal, vêtus le plus simplement du monde,
montèrent dans un cabriolet sans armoiries, et derrière
lequel était un valet. Les voilà rue Saint-Martin, chez un
des plus considérables batteurs d'or de Paris. Napoléon se
donne pour un Italien curieux de connaître par quels procédés on parvient à réduire l'or à une aussi. mince épaisseur. Le maître de l'établissement, persuadé qu'il a affaire
à deux personnes de qualité, leur explique les divers procédés de sa profession. — « Est-il vrai, lui dit l'Empereur, que vous pouvez faire que mille feuilles d'or ne for-
ment que l'épaisseur d'une feuille de papier ordinaire ? —
Oui, Monsieur — Je vous avouerai franchement, reprit
l'Empereur, qu'il faudrait que je le visse pour le croire. —
Qu'à cela ne tienne, Monsieur. » Et voilà bientôt que mille
feuilles d'or réunies et pressées dans un livret, prouvent
à Napoléon que le maréchal du palais lui avait dit la vérité. Ils allaient se retirer, lorsqu'une jeune ouvrière, le-
vant tout à coup les yeux, reconnut l'empereur, et s'é-
cria : « Ah ! mon Dieu ! » Napoléon, se mettant aussitôt
un doigt sur la bouche, lui fait signe des yeux de ne rien
dire. La jeune fille le comprit à merveille, et lorsque son
maître lui demanda. ce que signifiait un tel cri, elle répondit de l'air le plus naturel du monde : « C'est que monsieur ressemble tellement à l'un de mes frères, mort à
Marengo, que j'ai réellement cru que c'était lui. » Napoléon, tout à la fois charmé et surpris d'une telle présence
d'esprit, remit au lendemain à lui en tenir compte. Après
avoir laissé des marques de sa générosité aux ouvriers, et
fait force compliments au maître du logis, il rentra aux
Tuileres. — « Duroc, dit-il au maréchal du palais, faites
prendre l'adresse de cette jeune fille ; sa présence d'esprit
m'a sauvé une de ces scènes que je n'aime pas. Donnez-
lui dix napoléons. » Elle se nommait Sophie Buguet, et
demeurait rue des Lavandières-Sainte-Opportune.

⋙⋘

Par une belle matinée de printemps, l'Empereur, coiffé et vêtu de manière à n'être pas reconnu, alla visiter les nouvelles constructions de la halle aux vins. Il n'avait encore avec lui que le maréchal Duroc, qui conduisait un cabriolet, et derrière lequel était un valet.

Après avoir visité tout ce qu'il désirait voir, Napoléon revenait à pied tout en causant avec le maréchal. Le cabriolet suivait à quelque distance. Tout à coup il entend prononcer son nom. Fronçant le sourcil avec un air de mécontentement, et croyant être reconnu, il se retourne et cherche qui pouvait l'avoir nommé. C'était un mendiant aveugle qui, bien éloigné de se croire près de Napoléon, en jasait avec une femme qui lui servait de guide.

L'Empereur, piqué de ce hasard, commande à son domestique de se lier avec l'aveugle afin de savoir quel est l'objet de leur conversation.

Il est obéi sur-le-champ, et ce n'est pas sans un vif étonnement qu'il apprend que, depuis peu, tout ce qui mendie en France, et surtout à Paris, l'accuse en secret d'avoir introduit le système décimal, et par conséquent les centimes, ce qui, selon les mendiants, leur cause un notable dommage, qu'ils expliquent de la façon suivante :

« Depuis l'émission des centimes, beaucoup de personnes, et principalement dans les classes marchandes, ne donnent à chaque pauvre qu'un centime au lieu d'un liard, et souvent une pièce de deux liards qu'elles leur donnaient autrefois. Il est des mendiants qui refusent le centime ou ne le reçoivent qu'avec répugnance. C'est pour cela que Napoléon, qu'ils supposent l'inventeur de cette monnaie, reçoit leurs étranges bénédictions. »

C'était de ce prétendu tort que s'entretenait l'aveugle avec sa conductrice.

Napoléon ne ménageait pas l'argent quand il s'agissait de

soutenir l'éclat du trône et de représenter dignement devant l'étranger. Dans son intérieur c'était autre chose. Il y voulait de l'ordre. Il dépensait en prince, et n'aimait pas plus à prodiguer qu'un simple particulier.

Un jour qu'il déjeunait chez l'impératrice, il demanda à une des dames présentes ce que pouvait coûter un pâté chaud qui était sur la table : « — Douze francs pour Votre Majesté, répondit-elle en souriant, et six francs pour un bourgeois de Paris. — C'est donc à dire que je suis volé? reprit Napoléon — Non, Sire, mais il est assez d'usage qu'un roi paie plus cher que ses sujets. — C'est ce que je n'entends pas! s'écria-t-il, et j'y mettrai bon ordre. »

◦◊◦

Napoléon disait : « De tous les ordres créés, anciens et modernes, il n'en est pas qui aient autant rapporté à ceux qui les instituèrent que l'ordre de la Légion d'honneur. C'est mon chef-d'œuvre; personne, ni dans le présent ni dans l'avenir, ne peut m'en disputer la gloire; je lui dois une partie de mes triomphes. »

. Napoléon avait besoin de s'approprier les sentiments, les suffrages, les talents et la valeur de toutes les classes. La croix d'honneur, qu'il ne prodiguait pas, alla chercher le guerrier, le prêtre, le magistrat, l'homme de lettres, le négociant, l'artisan, et même le simple manœuvre.

◦◊◦

« Les Français, disait Napoléon, seront toujours les premiers soldats de l'Europe. La raison en est qu'au milieu du péril et sous une grêle de balles, ils sont toujours prêts à éclater de rire si l'occasion s'en présente. On ne saurait croire combien cet heureux caractère leur donne d'avan-

tage sur les soldats des autres nations. Ceux-ci, plus réflé-
chis, sont tout au danger de leur position, et s'en effraient
parce qu'ils le calculent. Les Français, au contraire, son-
geant à tout autre chose qu'aux périls qui les environnent,
ne pensent point à s'y soustraire. » Il faut avoir fait nos
guerres pour bien sentir la vérité de cette observation.

Au printemps de 1304, alors qu'un assez grand nombre
de sénateurs vinrent lui proposer de se déclarer empereur, Napoléon fut le premier à leur faire des observations
en faveur d'une autre puissance que la sienne. Puis finis-
sant par se laisser convaincre : « Eh bien, leur dit-il, puis-
que vous croyez que ma nomination au titre d'empereur
est nécessaire au bonheur de la France, prenez au moins
des précautions contre ma tyrannie; oui, je vous le ré-
pète, contre ma tyrannie. Qui sait? le sais-je moi-même?
si dans la haute position où vous m'aurez placé, je ne se-
rai pas tenté d'abuser du pouvoir? Croyez-moi; prenez
note de ce que je vous dis aujourd'hui, et faites-m'en souvenir, je vous prie, s'il m'arrive de pencher vers le despotisme. »

Tout ce qui semblait le moins du monde blesser la pudeur ou les bienséances offusquait le chef de l'empire. Il
était question de construire une fontaine sur la place du
Carrousel. On lui en présenta le plan; c'était quatre naïades
qui jetaient de l'eau par les mamelles; cela lui parut indé-
cent. « Passons, dit-il, les nudités aux statues isolées, c'est
déjà beaucoup. Otez-moi les nourrices de là; les Naïades
étaient vierges. » Le plan fut rejeté.

Napoléon eut, à Bayonne, une conversation intime avec don Escoïquitz, archidiacre de Tolède, qu'il estimait beaucoup. Voici un passage de cet entretien, éminemment curieux, et qui n'a point été imprimé en France où il fut apporté par M. Hervas; il est extrait d'une brochure espagnole imprimée à Séville, intitulée : *Mon séjour à Bayonne et au château de Marrac.*

Il était question du caractère des quatre principaux peuples de l'Europe.

« La France, dit Napoléon, est encore de tous les pays celui où le souverain peut le plus facilement s'instruire de la position sociale et de l'esprit de ses sujets.

« Doué de plus de franchise et de sensibilité que les autres peuples, le Français sait le moins dissimuler ce qu'il pense. Quiconque a besoin de le connaître peut, sans trop d'efforts, lire à livre ouvert dans son cœur. Son amour, sa haine, ses craintes et ses espérances, se manifestent dans ses moindres discours. Aussi n'entendra-t-il jamais rien à conduire une grande conspiration. Le Français tient à aimer ses rois, parce qu'il lui serait plus pénible qu'aux autres peuples d'être obligé de les haïr.

« Si, en présence de son souverain, le cœur du Français ne se dilate pas, c'est qu'il est irrité et malheureux. Cette situation est le thermomètre infaillible de son bien-être et de ses souffrances. Sa fidélité, ses respects, ses éloges ou ses épigrammes, sont en proportion de son bonheur ou de son malaise. Tel il était avant la révolution, tel il est encore. »

ÉGLISE DES INVALIDES
(Où reposent les cendres de Napoléon Ier.)

QUATRIÈME PARTIE

SON TOMBEAU. — SA MÉMOIRE

———o o ⦂⦂ o o———

Le 12 mai 1840, M. de Rémusat, ministre de l'intérieur, montait à la tribune de la Chambre des députés et s'exprimait en ces termes :

« Messieurs, le roi a ordonné à S. A. R. monseigneur le prince de Joinville de se rendre, avec sa frégate, à l'île de Sainte-Hélène, pour y recueillir les restes mortels de l'empereur Napoléon.

« Nous venons vous demander les moyens de les faire recevoir dignement sur la terre de France et d'élever à Napoléon son dernier tombeau.

« Il fut empereur et roi, il fut souverain légitime de notre pays. A ce titre, il pourrait être inhumé à Saint-Denis ; mais il ne faut pas à Napoléon la sépulture ordinaire des rois. Il faut qu'il règne et commande encore dans l'enceinte où vont se reposer les soldats de la patrie et où iront toujours s'inspirer ceux qui seront appelés à la défendre. »

Les Chambres répondirent à la pensée du gouvernement

en votant un crédit provisoire d'un million. En témoignage
de la haute importance que l'on attachait à cette mission,
ce fut à l'un des fils du roi que l'on donna le commandement de l'expédition qui devait se rendre à Sainte-Hélène
pour y recueillir les restes mortels de l'empereur Napoléon. Le prince de Joinville quitta Paris le 2 juillet 1840.

Le 8 octobre, l'expédition mouillait sur la rade de James-
Town. Le gouvernement anglais voulut se charger de
l'exhumation et de toutes les cérémonies qui devaient avoir
lieu sur le territoire anglais. Le commandant français ré-
gla les honneurs à rendre, dans les journées du 15 et du
16, par la division placée sous ses ordres.

Le 15 octobre, à minuit, l'opération de l'exhumation
était commencée en présence des commissaires anglais et
français. A dix heures du matin, le cercueil était à décou-
vert dans la fosse. Après l'en avoir retiré intact, on procéda à son ouverture, et le corps fut trouvé dans un état
de conservation inespéré.

Le 30 novembre, le bruit se répandit que la frégate avait
mouillé à Cherbourg, rapportant les précieuses dépouilles
enlevées à l'exil. L'artillerie des remparts, à laquelle ré-
pondaient au loin le fort Royal, le fort du Hommet et le
fort de Querqueville, saluèrent de mille coups de canon
son entrée dans le grand bassin du port.

La *Belle-Poule* avait mis quarante-trois jours pour revenir de Sainte-Hélène.

Le cercueil était en bois d'ébène massif. Sur la plate-
forme on lisait pour toute inscription, en lettres d'or :

NAPOLÉON.

Le précieux dépôt s'éloigna de Cherbourg le 8 décembre, dans la soirée, après avoir été transbordé sur le
bateau à vapeur *la Normandie*, qui avait été disposé pour
le recevoir.

ENTRÉE DE LA CRYPTE.

7

Pendant la traversée, le cercueil, placé au milieu du gaillard d'arrière du bâtiment, était recouvert du manteau impérial. Abrité par un dôme plat que soutenaient douze colonnes, destiné à le protéger contre la pluie et l'humidité, il était entouré d'ifs chargés de bougies, de lampes, de cassolettes. Au pied du mât d'artimon était placé un autel recouvert en velours noir brodé d'argent. Le 14 au soir, l'expédition prenait sa dernière station au débarcadère de Courbevoie, près du pont de Neuilly.

Le corps était déposé sous un temple funèbre; le lendemain, on devait le placer sur le char magnifique dont le dessin et la construction avaient été confiés aux talents réunis des artistes les plus habiles.

La journée du 15 décembre 1840 est une de celles qui ont laissé les plus grands, les plus profonds souvenirs. Paris a vu bien des fêtes, mais jamais aucune ne pourra être comparée à ces honneurs funèbres rendus par les Français à celui qui avait élevé si haut la gloire nationale.

Sur le couronnement de cet arc de triomphe dont la première pierre avait été posée par l'empereur, planait la représentation colossale de son apothéose, qui sera sans doute réalisée quelque jour pour compléter la décoration de ce monument gigantesque.

Le canon retentissait de toutes parts, les cloches de toutes les églises sonnaient à grandes volées, les musiques militaires faisaient retentir leurs fanfares, l'immense voix de la foule éclatait en cris d'enthousiasme. Ce fut au milieu de ces témoignages de respect, d'admiration, de dévouement, de reconnaissance, que le cercueil, après avoir traversé la longue haie de troupes présentant les armes au grand empereur, atteignit la grille de l'hôtel des Invalides.

La décoration de l'hôtel, qui commençait à l'esplanade, était continuée à l'intérieur avec une magnificence inouïe. Du milieu du temple s'élevait un immense catafalque surmonté d'un aigle d'or aux ailes éployées, sous lequel

CÉRÉMONIE DES FUNÉRAILLES DE L'EMPEREUR.

CHAPELLE SAINT-JÉRÔME.

trente-six sous-officiers, choisis dans la garde nationale et dans l'armée, déposèrent le cercueil que les marins de la *Belle-Poule* n'avaient quitté qu'à l'entrée de l'église.

Au milieu du plus profond silence, le prince de Joinville, s'approchant de Louis-Philippe, dit avec une noble simplicité : « Sire, je vous remets les restes mortels de l'empereur Napoléon. »

Le roi répondit : « Je les reçois au nom de la France. »

Aussitôt après la cérémonie funèbre, le cercueil fut déposé provisoirement dans une des chapelles latérales du dôme. — Aujourd'hui c'est au centre même du splendide monument qu'est placé le tombeau définitif de l'empereur, dans une crypte dont la majesté sévère est digne de sa haute destination.

La porte de bronze qui donne entrée dans la crypte est d'un aspect imposant et sévère. Au-dessus, sur une tablette de marbre noir, on lit cette inscription en lettres de bronze :

Je désire
que mes cendres reposent sur les bords de la Seine
au milieu du peuple français que j'ai tant aimé.

Le sol de la crypte est entièrement recouvert de marbre de couleur. Une immense étoile d'un jaune d'or, à travers les rayons de laquelle court une couronne de chêne en mosaïque, y a été incrustée. Dans les intervalles, on lit ces noms immortels :

Rivoli, — Pyramides, — Marengo, — Austerlitz, — Iéna
Friedland, — Wagram, — La Moskowa.

La couronne brille d'un vif éclat sur le sombre feuillage

de chêne qui l'enveloppe et fait ressortir la couleur rouge foncée du monolithe.

Cette masse énorme est d'une majestueuse simplicité.

Le cercueil a quatre mètres de long sur deux de large, et quatre mètres cinquante centimètres de hauteur. Il est formé de quatre blocs : le couvercle, la cuve et deux supports. Il est posé sur un socle de granit vert des Vosges.

Les cendres de Napoléon, précieuses reliques pour la France, reposent donc sous le dôme des Invalides.

Ainsi se sont réalisés à la fois les dernières volontés du grand homme et les vœux du pays.

DELANGLE SC

VUE DE LA CRYPTE ET DE L'AUTEL.

BAS-RELIEF (aux Invalides).

LE CODE NAPOLÉON.

Napoléon, assis sur un trône, indique, par un double geste; que l'ancienne législation a cessé d'exister, et qu'une loi unique régira désormais la France. Un vieillard et un jeune homme, placés sur les degrés du trône, personnifient le droit ancien et le droit nouveau. Sur les marches du trône, on lit cette inscription : *Mon seul code, par sa simplicité, a fait plus de bien en France que la masse de toutes les lois qui m'ont précédé.* Le Code Napoléon a été promulgué en 1804.

BAS-RELIEF (aux Invalides).

Napoléon, la tête ceinte d'une couronne rayonnante, montre du geste deux tables où sont inscrits les grands travaux publics exécutés sous son règne. L'art et la science soutiennent ces tables. Deux victoires tiennent dans leurs mains des palmes triomphales et indiquent que l'empereur songeait à enrichir la France de monuments et d'établissements utiles. Sur la base du trône ou lit ces mots : *Partout où mon règne a passé, il a laissé des traces durables de son bienfait.*

LES ÉMULATIONS
LES MÉRITES DE
DE LA GLOIRE

EXCITÉ TOUTES
RÉCOMPENSÉ TOUS
RECULÉ LES LIMITES

C. FATH.

DRUNIER, SC.

BAS-RELIEF (aux Invalides).

LA LÉGION D'HONNEUR.

Napoléon, la tête couronnée de lauriers, placé entre deux autels chargés de couronnes et sur lesquels est sculptée l'étoile de la Légion-d'Honneur, avec la devise *Honneur et patrie*, récompense le mérite civil et la valeur guerrière.

Sur le haut du bas-relief on lit cette inscription : *J'ai excité toutes les émulations, récompensé tous les mérites, et reculé les limites de la gloire*. L'ordre de la Légion-d'Honneur fut inauguré le 14 juillet 1804, sous le dôme des Invalides.

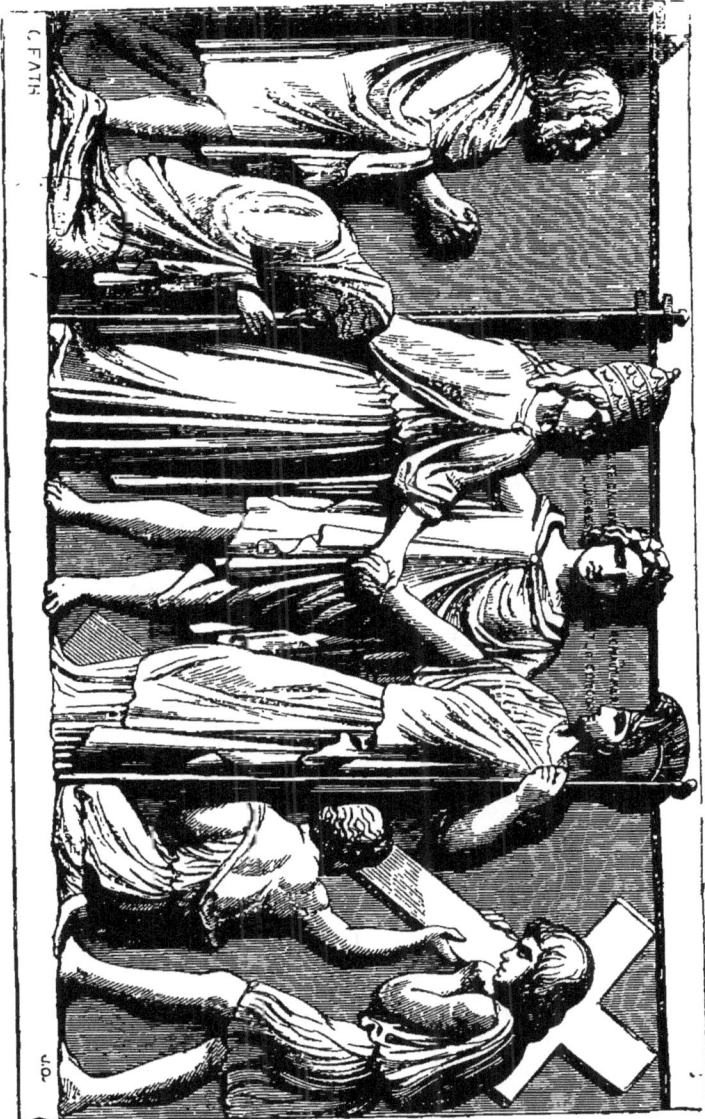

BAS-RELIEF (aux Invalides).

LE CONCORDAT.

Napoléon réconcilie Rome catholique et la France, représentées par deux jeunes femmes se donnant la main. La première est coiffée de la tiare et tient la double croix ; la seconde porte le casque, elle est armée de la lance. Un jeune homme relève la croix, une jeune fille et un vieillard se prosternent devant ce signe sacré de la foi chrétienne. Sur le bas-relief, on lit : *L'Église gallicane renaît par les lumières et la concorde*. Le concordat fut signé à Paris le 15 juillet 1801.

CAMPAGNE D'ITALIE. (Bas-relief.)

DIRECTOIRE.

Après la journée du 13 vendémiaire et la création du Directoire, Napoléon fut nommé général en chef de l'armée d'Italie. Malgré sa jeunesse, il sut gagner l'amour des vieux soldats de la République, et, secondé par d'habiles généraux, Sérurier, Augereau, la Harpe, Joubert, Victor, Cervoni, il opère des prodiges. La France inscrit sur ses tables de gloire les noms de *Montelegino*, de *Montenotte*, de *Millesimo*, de *Dego*, de *Mondovi*, de *Lodi*..... Après avoir dompté une formidable insurrection de la Lombardie, forcé Venise à la neutralité, soumis Lonato et Brescia, et remporté une éclatante victoire à Castiglione, Napoléon s'empare de Vérone, entre dans le Tyrol et termine la campagne par les batailles d'Arcole et de Rivoli. Revenu à Paris, le jeune général y fut entouré d'hommages, et le Directoire lui donna le commandement de l'expédition d'Egypte. Le 1er juillet 1798, l'armée française était en vue d'Alexandrie ; la prise de cette ville est le commencement d'une série de combats et de victoires que termine la célèbre bataille d'Aboukir 15 juillet 1799, dont le gain est dû principalement au général Murat.

Le 24 juin 1812, Napoléon franchit le Niémen pour entrer en lice avec la Russie; quatorze grands corps l'accompagnent. Le 28, il entre à Wilna, un mois après il occupe Witepsk. Le 17 août, il s'empare de Smolensk, repousse les Russes à Volontina, et, le 7 septembre, il livre la bataille de la Moscowa et triomphe de 170,000 hommes protégés par des retranchements formidables. L'incendie de Moscou, la ruine d'une partie de la Russie, un hiver d'une rigueur excessive, arrêtèrent Napoléon dans sa course victorieuse. La retraite des Français ne laissa pas cependant d'être glorieuse. Deux ans plus tard, la fortune trahissa't encore plus complétement le génie de Napoléon; 1,110,000 combattants envahirent la France. Le 26 janvier 1814, l'empereur chasse les Russes de Saint-Dizier; le 28, il repousse les Prussiens à Brienne. Le 10 février, il remporte à Champ-Aubert une victoire sur les Russes, le lendemain, une autre à Montmirail. Trois jours après, à Vauxchamps, il met l'armée prussienne en déroute. Il est encore vainqueur à Nangis, à Montereau, à Méry-sur-Seine. Vains efforts! Paris capitule le 31 mars, après une héroïque défense.

EMPIRE.

TABLE.

—

PARIS. — IMPRIMERIE DE J. CLAYE, RUE SAINT-BENOÎT, 7.